わたなべぽん

やっとこっかな

近い未来のためにちょっぴり備える

幻冬舎

はじめに

この本を手に
とってくださり
ありがとう
ございます

今回の本は
コロナ禍中から
今に至る
わが家を描いた
ものです

ステイホームで
生活が一変したとき
マスクもトイレット
ペーパーも足りな
かったし

他にも
「備えておけば
よかった」と思った
ことがたくさん
ありました

そんな
〝近い将来のために
ちょっぴり備える〟を
実践してみた
『やっとこっかな』

気楽に読んで
みてくださいね

もくじ

BE

プロローグ

2020年4月
世界中が新型コロナウイルスに揺れていました
政府は7都府県に緊急事態宣言を発出し――
ひゃー
とうとう出たか〜
すでに3月末には都の自粛要請があったので
MAINICHI NO NEWS
「緊急事態宣言」安倍首相が会見
どーなっちゃうんだろうねぇ
しばらく〝おこもり生活〟をしていたのですが
そういえばマスク残り少ないんだよなぁ
どうしよ〜
あと6枚くらい
サージカルマスク ブルー 50枚入
こんなことなら年末 夫君の会社の福利厚生で注文しておけばよかったなぁ
薬や日用品が少し安く買える
でも注文〆切忘れてた
除菌ジェル
アルコール除菌
サージカルマスク ブルー 50枚入

一方
夫は…
ええ
ハイ
すでに3月末から週半分在宅勤務の人
会社からだったよ
5月6日まで
完全リモートワークになった
ホッ
そうか
良かった
満員電車の
通勤が心配
だったんだ〜
う〜ん
でもなぁ
家でできる
仕事って限られてるし
商品企画の仕事
営業さんと取引先に赴くことも
もしこれで
会社の業績が
落ちたら
給料減る…なんて
こともありえるの
かなぁ
不安だなぁ…
えっ
えっ!? えっ!?
そうなったら
夫君は今まで
通り家賃を
払えるのかなぁ
分担
家賃
生活費
うちは財布も
貯金も別に
したけど
もしものための
貯金とか
ちゃんとしてるん
だろうか…
はぁ…
貯金を分けたエピソードはこちら
さらに、やめてみた。
ポーン
6
あ
そろそろ
夕飯かぁ
きょうは
ごはん何?

ウ〜ん
どうしよう かなぁ
ゴソ
ガサ
わが家では2月末くらいから外食を控えており
昼夜と自炊することが増えていて
――ってか なんかもう
自炊 めんどくさい
毎日ずっとごはんばっか作ってる気がしてきた
タヌキ印の もやし
近所の飲食店はテイクアウトを始めていて
時々お弁当やお惣菜を買うのですが…
もちろん とっても美味しいんだけど
今の私のおなか的には
優しいおうちごはんが食べたいんだよなぁ〜
Nishiogi Takeouts!
となると がんばって自分で作るしかないか〜
はー
めんどくさー
チラ
――前から思ってたんだけど
夫君も少しは料理をおぼえてくれてもいいのになぁ
ズルイ…
じーーっ
不満光線発射中
チリ チリ
ん？

30分後
玉子ともやしの炒め煮中華風
いただきまーす
よーがんばった私…
きんぴら
たくあん
ネギのみそ汁
うわあ
コロナって持病があると重篤化しやすいんだって
怖いね〜
そういえばぽんちゃん健康診断ちゃんと行ってる?
うっ
行ってない……
僕は会社のがあるけど…
毎年 区の健診のお知らせが届くんだけど
いつもうっかり行くの忘れちゃうんだよね
ハガキ届く
杉並区
へーその内行こう
あっ先週までだった
いつもこのくりかえし
今は病院に行くことすらちょっと怖いし
はー
コロナのせいで困ったことばっかりだなぁ
まったく〜
ピクッ
——ちょっと待って

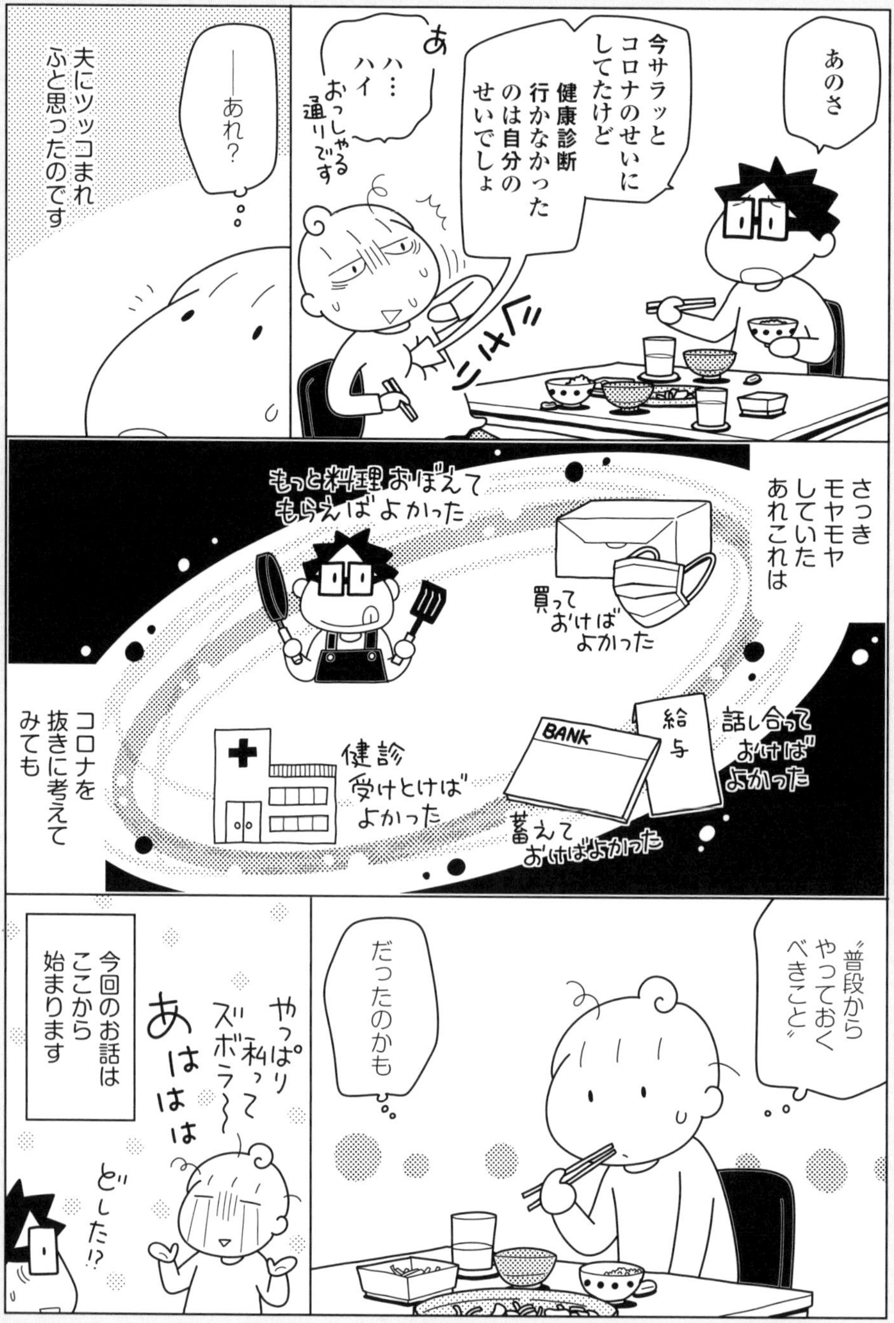
あのさ
今サラッと
コロナのせいに
してたけど
健康診断
行かなかった
のは自分の
せいでしょ
グサッ
あ
ハ…ハイ
おっしゃる通りです
——あれ?
夫にツッコまれ
ふと思ったのです
さっき
モヤモヤ
していた
あれこれは
もっと料理おぼえてもらえばよかった
買っておけばよかった
話し合っておけばよかった
給与
BANK
蓄えておけばよかった
健診受けとけばよかった
コロナを
抜きに考えて
みても
"普段から
やっておく
べきこと"
だったのかも
やっぱり私ってズボラ〜〜
あははは
どした!?
今回のお話は
ここから
始まります

第一章

防災編

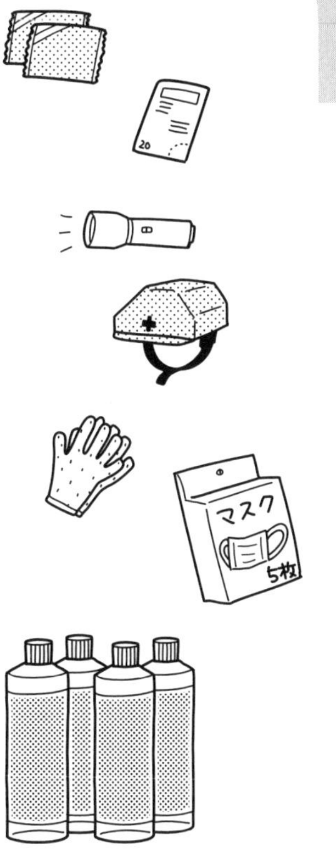

第一話

「いざというときの備え」の巻

久し振りに開けてみたら非常食の賞味期限全部切れてる
しかも2017年に
パスタ ソース
サトミのごはん
5食パック
牛肉のうまみ
ビーフカレー
辛
うわぁ…
ってことは4～5年は放置してたってことか
うーん
でも捨てちゃうのもったいないなぁ
まだ食べられたりして
賞味期限と消費期限って違うし
わっ
ペロッ
カレー
ラ゛っ
ガラガラ
ペッペッ
――うむ
捨てよう
強烈に脂臭い
うん
ねぇねぇ
あとさ
これなんで4袋もあるの？
一緒に準備したときは1袋だけだった気がするんだけど
なんか最近クローゼットがパンパンだと思ってたよ…
あー
いつの間にか増えちゃって
てへへ
どっさり!

見よう見真似《まね》で準備した非常袋だったから
これで大丈夫なのかイマイチ不安で
大特価！安い!!
1本98円
やさしい水
お！
水って大事よね
街でもらったティッシュとか
マンション売ります買います
カラオケまねきいぬ OPEN
ちょっといい缶づめもらったときとか
コンビー
まぐろステー
くじら
これ非常袋に入れとこ
キャンドル
今は使わない日用品や頂きものを入れておいたんだよね
それに乾パンだけよりももう少し美味しい非常食がいいし…
ついあれこれと
重っ!!
さすがにこれは火事場のバカ力でもムリだよ!!
プル
プル
プル
でも大人ふたり分の食料や水を考えたら
これくらいになると思うけどなあ
よそんちのはどうなってんだろう？
ふー
トントン
そこで改めて〝非常袋〟について調べてみることに
うおお
市販の非常袋ってスマートかつスタイリッシュ!!
なんでこんなにコンパクトなんだ!?
──すると驚愕の事実が判明!!
えっ!?
〝非常袋〟と〝防災袋〟ってのがあるの？
え!?

えーっと
災害が起こったときにすぐ持って逃げるのが〝非常袋〟
一次避難という
急ごう
二次避難という
避難先での生活用品数日分を入れておくのが〝防災袋〟
なんだって
そっか～
私はどっちも全部つめ込んだから
大荷物になっちゃったのか～
ま
それだけじゃないと思うけどね
いらない物つめ込みすぎ
ということで今度はちゃんと調べて
非常袋と防災袋を作ることに
非常袋のポイントは
「避難しないと死ぬような状況で逃げるために最低限必要なもの」かぁ
ふむふむ
だから食料は救助が来るまでの約3食分
背負って走るのに負担にならない程度だってさ
おいしさ優先じゃダメかぁ～
レトルト
乾パン

POINT
今すぐ避難しないと命のキケンが
あるとき、逃げるために必要なもの
わがやの
一次避難用
非常袋
ふたり分
2020春・作成
1 避難するのに必要なもの
懐中ライト
軍手×2
ホイッスル
折りたたみヘルメット×2
マスク
マスク
5枚
2 体に必要なもの
めがね
簡易トイレ
×4
生理用品
常飲してる薬などあれば
カイロ×2
ビニール袋
3 ちょっとしたケガに
ばんそうこう
消毒液
マキロン
三角巾
十徳ナイフ
4 情報集めに
・ラジオ ・ペンとノート
・乾電池 ・小銭少々
・モバイルバッテリー
・互いの実家や親せきの連絡先のメモ
・免許証や保険証のコピー
5 貴重品
普段は入れておかない。避難するとき、通帳やスマホをポイッと入れて逃げる!!
6 食料品
水500ml×4本
乾パン
乾パン
乾パン
乾パン
乾パン4缶
救助が来るまでの3食分くらいが目安
とりあえずこれひとつあれば
逃げられるね

POINT
避難所生活で必要な数日分の日用品
二次避難用
防災袋
ふたり分
2020春・作成
1 身づくろいセット
からだふき
手ぬぐい×2
水のいらないシャンプー
ハブラシ
2 追加の食料
水500ml ×4
カ●リーメイト 4箱
3 着替え
Tシャツ
インナー
くつした
各2枚
4 睡眠のためのアイテム
アイマスク
マスク
耳せん
アルミシート ×2
これも背負って移動するから
重い食料品はなるべく持たないこと
保管場所はクローゼットの奥はやめて寝室のチェストの上に置いておこう
養生テープで見分けやすくラベリング
防災袋 2020
非常袋 2020
ふたり一緒に避難できるときは両方
ひとりで避難するときは非常袋だけ背負って逃げること!
ラジャ!!
びしっ びしっ
こうしてマスクをきっかけに
あと区の指定の避難場所も調べておこう
僕は会社から家までの地図を確認してみようと
MAP
防災について再確認したわが家

やっぱり ちゃんと備えが あるって 心強いなぁ
しかもクローゼットに 空きができて うれし〜〜い♪
は〜
僕も実は ずっと点検 しなきゃと 思ってたから
スッキリ したよ〜
わかる〜
「そろそろ やっとこっかな」 って思うばかりで つい先のばしに しちゃうんだ よねぇ——
！
そっか
この前の 〝普段から やっておく べきこと〟って
健診 受けとけば よかった
お金のこと 話して 蓄えて おけば よかった
BANK
給与
マスク
買っておけば よかった
料理 おぼえて もらえば よかった
こういう 「そろそろ やっとこっかな」 をほったらかして きたこと
ばかりなんだな
——そんな 〝やっとこっかな〟を 面倒臭がらずに できたら…
あったー！
助かる〜!!
さっきの マスクみたいに 近い将来 ホッとする ことが増える ってことかぁ
それは いいなぁ
ちょっと興味が わいてきたの でした

第二話

せっかくだから大そうじ!の巻

そんなことをしていると1カ月後には当然…
ワナ
ワナ
ワナ
カッカッカードの支払いがいつもの倍〜〜〜っ
そりゃ多少買いすぎとは思ってたけど〜〜
あれだけ買えばそうなるでしょうな
洗面所に使いかけ洗剤がたくさん…
う〜ん
というかちょっと気になってたんだけど…
最近コロナで生活も変わったしちょっと精神的に疲れてたりしない？
大丈夫？
へ？
私が？
なにそれ全然平気だけど？
見なかったことに
だってぽんちゃん自分のマンガにも書いてたでしょ
不安なことがあると買い物が増えるって…
自分のダメなところや不安やイライラをもので埋めようとしていた
『ダメな自分を認めたら部屋がキレイになりました』参照のこと
KADOKAWA
——あっ
元★汚部屋住人！
ゴミ
ゴミ
ゴミ
ゴミ

そういえば自粛生活が始まってからなんだかずーっと焦ってるような気がする…
コロナ
ステイホーム
自粛生活
大変なことになってきたなせめて家の中は快適にしておかなきゃ
よしっ
それで家中そうじしまくってたのか
ヒマだから大そうじしてるのかと思った
そそっか私ストレスたまってたのかもな…
気付かないって怖い…
そうと分かればストレスは他で発散するとして
ウォーキング
ネット通販の〝なんとなく買い〟は
今後加齢の不安のたび
腰が痛くて不安…
いい座イス買おっと
買い物してたらえらいこっちゃ
今の内に直しておいた方が良さそうだよね
思い切ってこの際全面禁止！って手もあるけど…
ネット通販禁止!!
この先 年をとったら宅配や通販に頼る機会も増えるだろうし
どうせなら病めるときも健やかなるときも適度なお付き合いをしていきたいな
やさい

う〜ん
ムダ遣いをガマンするいい方法なんかないかなぁ
苦手なんだよなぁ ガマンするの…
お金の管理も下手だし
とはいえ
少しがまんして暮らしてみることに
さてと
夕飯の買い出し前にレシピを確認していこうかな〜
レシピサイト便利だなぁ
お? 何これ
レンジで魚が焼けるお皿?
このレシピにはこれが便利
遠赤外線効果で両面ふっくら!
¥2,500
おそうじ楽ちん!
火で焼くより早くできてグリルを汚さないのか
あら便利♡
欲し〜い
思ったより安いし
うずっ
すっ
Namazonで購入する
はっ
いいかん
手が勝手に〜
そんなわけはない
こういう〝なんとなく買い〟をガマンしようって決めたばかりなのに〜

いらない いらないっ
うちって そんなに 焼き魚食べ ないし～
パタパタ
――とはいえ
一度芽生えた 物欲は
あ でもこれ 魚以外も 焼けるのか
たらことか ウィンナー 焼きたい
いやいや いらないって～
なかなか おさまらず
でも なぁ…
うぐぐっ
そうだ! 今だけ少し がまんして とりあえず 〝欲しいものリスト〟に 入れておこう
欲しいものリストに 入れておく
ポチッ!
後でっ 後で 買うからっ
自分の物欲に言い訳
苦肉の策として 魚焼き皿を ブックマーク した私
ふと 見ると
〝欲しいものリスト〟の フォルダには これまで同じように 購入を迷った商品が たくさん入っていて…
シェーカーボックス
ふわもこ 座イス
ちょっといい 入浴剤
お皿とカップのセット
ベランダ用 ミニ デッキブラシ
まつげ 美容液
うわっ――
欲しかったのに 買ってない 商品がこんなに!
ひゃ～
今の今まで 忘れてたよ
っていうか 今見ると もうそんなに 欲しくないかも
もちろん いいな～とは 思うけど…

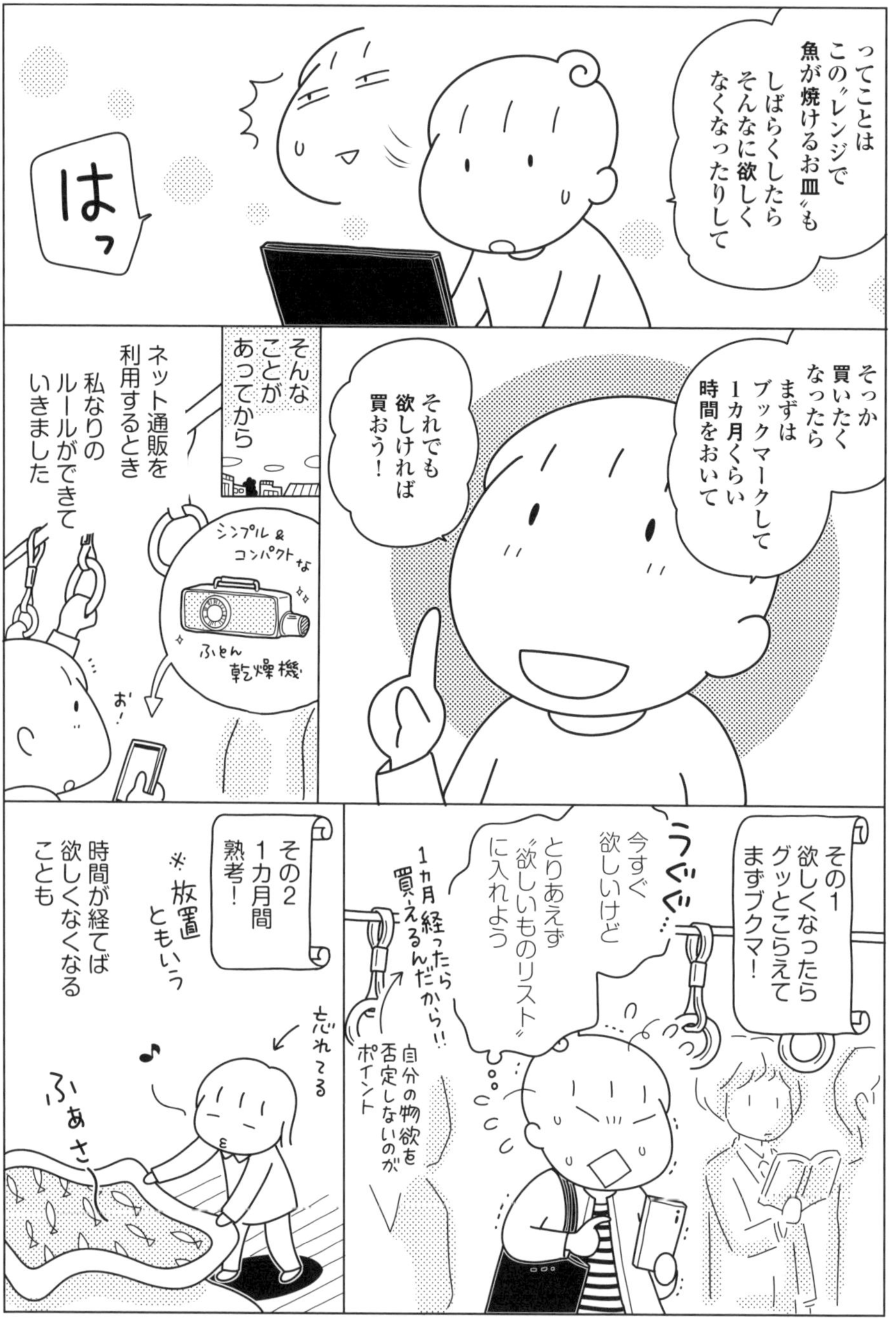
ってことはこの〝レンジで魚が焼けるお皿〟もしばらくしたらそんなに欲しくなくなったりして
はっ
そっか買いたくなったらまずはブックマークして1カ月くらい時間をおいて
それでも欲しければ買おう!
そんなことがあってから
ネット通販を利用するとき私なりのルールができていきました
シンプル&コンパクトな
ふとん乾燥機
お!
その1 欲しくなったらグッとこらえてまずブクマ!
うぐぐ…
今すぐ欲しいけどとりあえず〝欲しいものリスト〟に入れよう
1カ月経ったら買えるんだから!!
自分の物欲を否定しないのがポイント
その2 1カ月間熟考!
※放置ともいう
時間が経てば欲しくなくなることも
忘れてる
ふぁさ

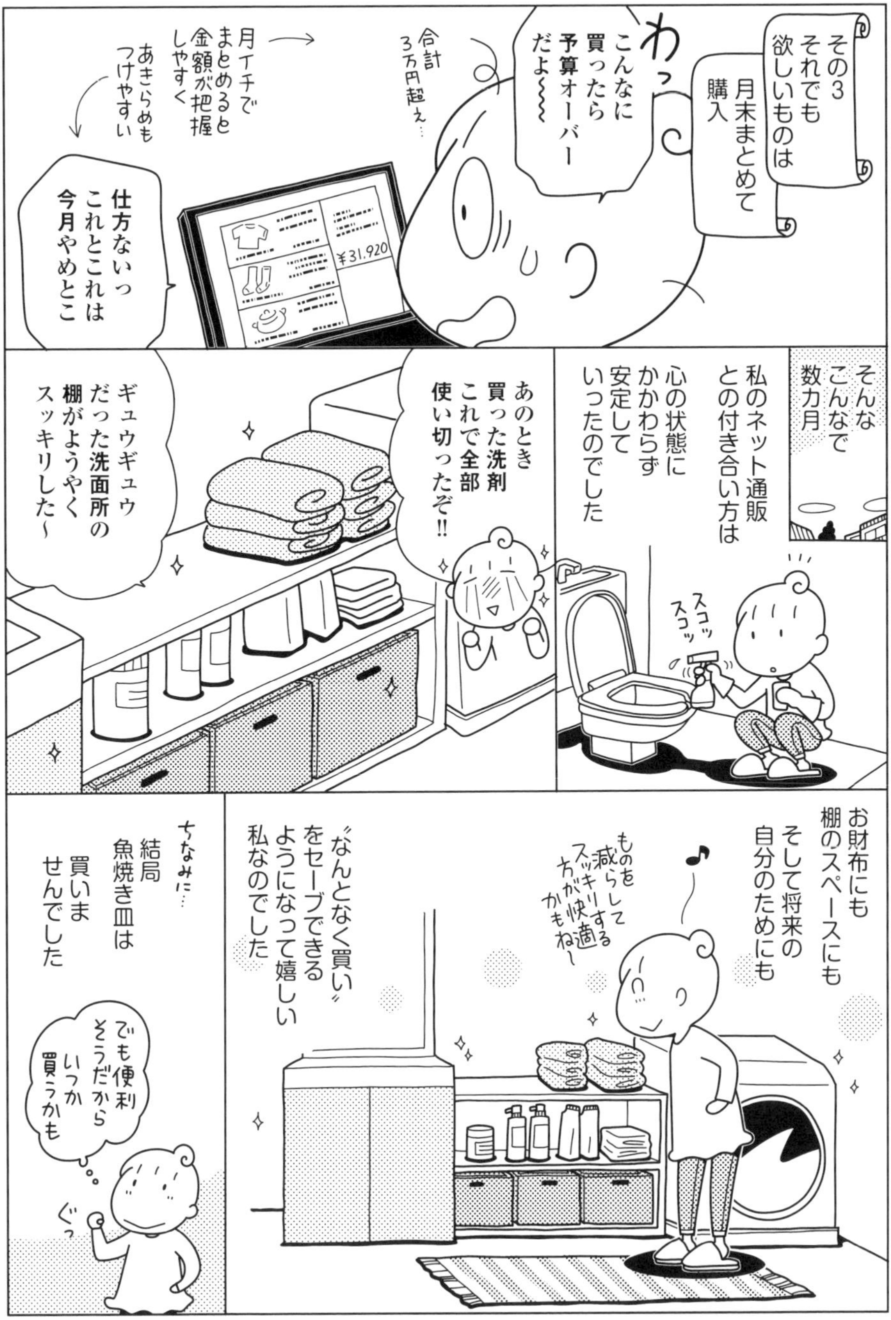
その3
それでも
欲しいものは
月末まとめて
購入
わっ
こんなに
買ったら
予算オーバー
だよ〜〜〜
合計
3万円超え…
¥31,920
月イチで
まとめると
金額が把握
しやすく
あきらめも
つけやすい
仕方ないっ
これとこれは
今月やめとこ
そんな
こんなで
数カ月
私のネット通販
との付き合い方は
心の状態に
かかわらず
安定して
いったのでした
スコッ
スコッ
あのとき
買った洗剤
これで全部
使い切ったぞ!!
ギュウギュウ
だった洗面所の
棚がようやく
スッキリした〜
お財布にも
棚のスペースにも
そして将来の
自分のためにも
ものを
減らして
スッキリする
方が快適
かもね〜
〝なんとなく買い〟
をセーブできる
ようになって嬉しい
私なのでした
ちなみに…
結局
魚焼き皿は
買いま
せんでした
でも便利
そうだから
いつか
買うかも
ぐっ

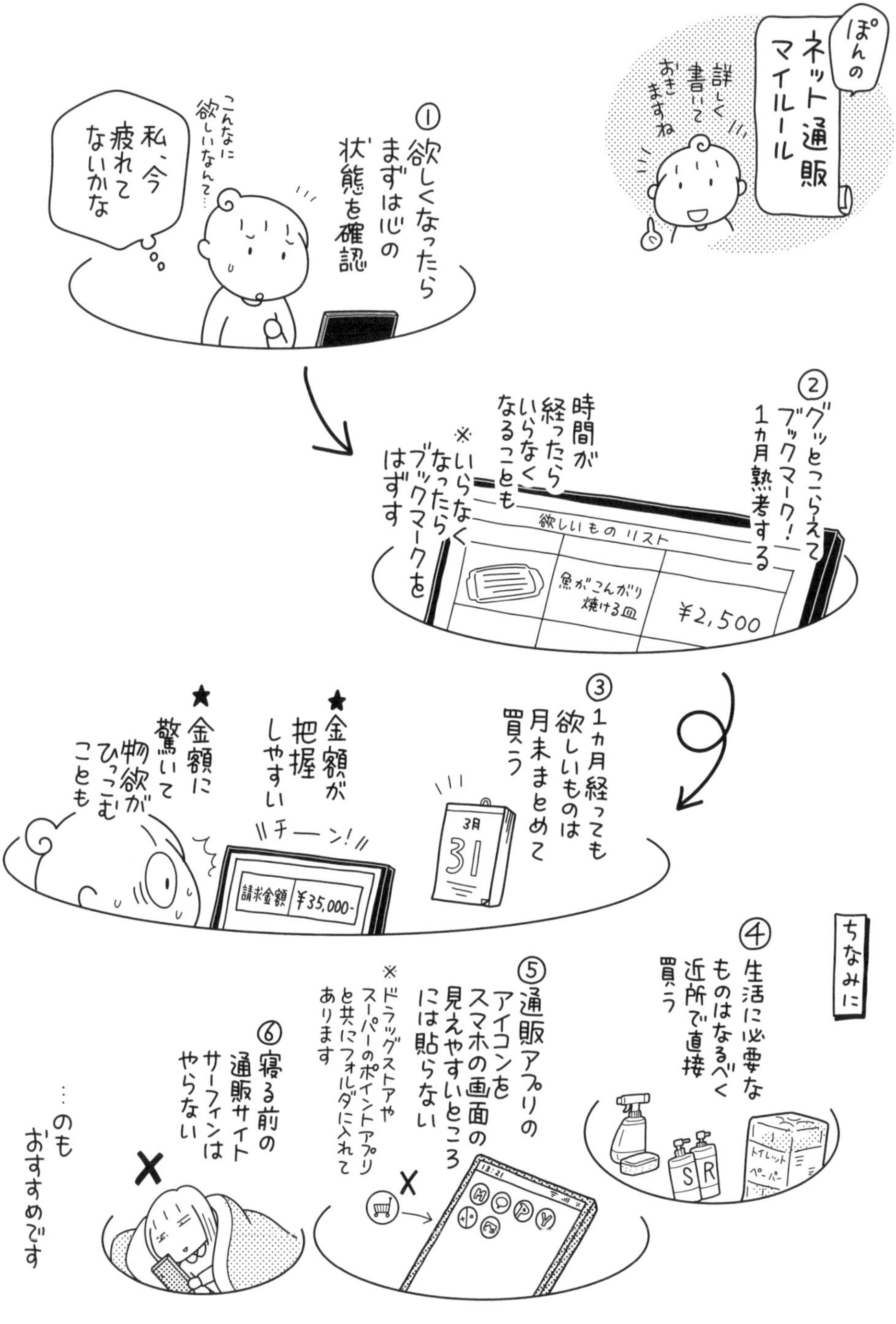
ぽんの
ネット通販マイルール
詳しく書いておきますね
①欲しくなったら まずは心の 状態を確認
こんなに欲しいなんて…
私、今 疲れて ないかな
②グッとこらえて ブックマーク！ 1カ月熟考する
時間が 経ったら いらなく なることも
※いらなく なったら ブックマークを はずす
欲しいもの リスト
魚がこんがり 焼ける皿
￥2,500
③1カ月経っても 欲しいものは 月末まとめて 買う
★金額が 把握 しやすい
★金額に 驚いて 物欲が ひっこむ ことも
チーーン！
3月
31
請求金額
￥35,000-
ちなみに
④生活に必要な ものはなるべく 近所で直接 買う
トイレット ペーパー
S
R
⑤通販アプリの アイコンを スマホの画面の 見えやすいところ には貼らない
※ドラッグストアや スーパーのポイントアプリ と共にフォルダに入れて あります
13:21
⑥寝る前の 通販サイト サーフィンは やらない
…のも おすすめです

ぽんが
どうしても欲しくなったとき心でつぶやく言葉
同じようなの持ってない？
今、心は疲れてない？
買い物で心は埋まらないよ
今まだあるものを使い切ってからにしよう
ちょっと物欲にブレーキがかかるね
工夫は楽しい！代用できるものはない？
自分を変えるのは〝もの〟ではなく〝行動〟です

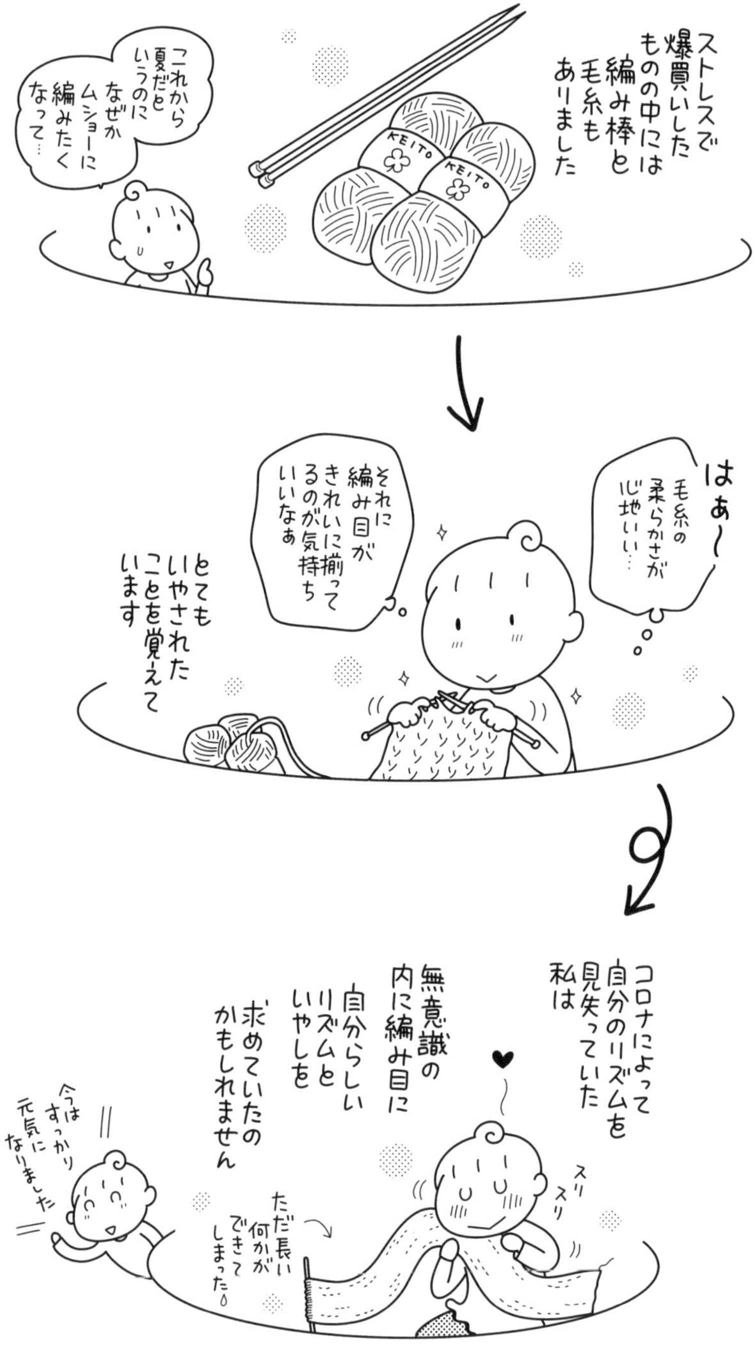
ストレスで爆買いしたものの中には編み棒と毛糸もありました
これから夏だというのになぜかムショーに編みたくなって…
KEITO
KEITO
はぁ〜
毛糸の柔らかさが心地いい…
それに編み目がきれいに揃っているのがいいなぁ
とてもいやされたことを覚えています
コロナによって自分のリズムを見失っていた私は
無意識の内に編み目に自分らしいリズムといやしを求めていたのかもしれません
スリスリ
ただ長い何かができてしまった。
今はすっかり元気になりました

第三話

夫婦ふたりの家事分担の巻

ねぇねぇ
夫君 洗濯物が乾いたみたい 畳むのお願いできる？
私今お昼ごはん作ってるから
はーい
後でやっとくー
むむぅ
後でなら私だって手が空くんだけどな…
昼ごはん前に家事を終わらせたかったのに
カッ
カッ
カッ
午後の予定↓
夜までなーんもなーい
ぐー
いかんいかん
後でやるって言ってくれてるんだから任せよう…
なにもしないよりいいし
ジュワ〜
そんなある日
──ってわけで なんか最近家事で夫君にモヤモヤしがちなんだよね〜
へ〜
それ今多いらしいね
え？ そうなの
コロナでステイホーム中お互いの行動にイライラする夫婦が増えてるんだって
ニュースで見たよ〜
へーー!!

そういえば
コロナ前は
そんなに
モヤモヤして
なかったかも
今までは
私の方が
時間に余裕が
あったから
通勤
往復
2時間
帰宅は
夜8時
くらい
在宅
私が家事を
やっちゃえば
効率的だなー
って思ってたけど
今は夫君も
在宅なのに
家事は
変わらず
私だけ…
ついでにランチも
そういう
とこに
モヤモヤ
してるのかも
そっか～
ん～
でも今まで
やってこなかった
人が
ある日突然
できる人には
ならないと思う
けどなぁ
夫君とは
話し合ったの？
ううん
なんとなく
話しにくくて
へ～
なんか
めずらしいね
ぽんちゃんが
夫君に話し
にくいだなんて
なんでも話してる
イメージ
あるから

確かに…これまで夫君とはいろんなこと話し合ってきたのに
貯金とか子供のこととか…
どうして
ちょっと手伝って
は言えるのに
家事を分担してほしい
は言いづらいんだろう
そりゃ結婚当初は収入が不安定だった私の分夫君が家計を多めに負担してくれることもあったから
なんか手伝おうか？
ヘーキヘーキ
家賃分働きまっせ
ゴシゴシ
そんなときは家事を手伝ってと言いにくかったけど
今はちゃんと折半できてるんだから家事の折半も言い出しやすくなってるはずなのに…
わっ
おっと
ふきんふきん
ブクブク
あ
このふきんさっき夫君が畳んでくれたやつだ
ピシッ
相変わらずピシッと畳むなぁ
根が几帳面なんだろうな
きっと家事も分担したところはキチッとやってくれるんだろうなぁ
――でも
ふきふき

むしろ
あんまりキチッとやられると こっちも手を抜けなくなりそうで嫌なん…
ん？
私が夫に家事の分担を言い出せなかった理由
――それは
も もしかして〝自分がサボれなくなるから〟なの!?
私って夫君と家事を分担して
毎日キチンとこなす夫
サボって気まずい妻
んも～
だらしないなー
うぐっ
これを言われるのがムショーに怖い…
〝叱られる立場〟になるのが嫌だから
全部家事を負担して〝指示する立場〟でいるために
テキトーにやるのもサボるのも自分次第
全部私がやるんだから文句言わせないよ
心の声
でもいざ家事をやると
んも～少しは手伝ってよ
上から指示して
はいはい
結局夫にいろいろ家事をやってもらってる
無意識に家事の分担を避けてたのかも
それなのに
言わないとやってくれないんだから
だなんて私ってひどい…
モヤ
モヤ
ただの鬼嫁じゃないか

そんな自分を反省して
夫君に家事の分担を提案してみることに
僕はずっと
ぽんちゃんは自分のペースでやりたいようにしかできない人だから
口も手も出さない方がいいんだろうなって思ってたよ
だからずっと言われたら手伝うようにしてたし
ウッ
そ
そっか
うん
だって汚部屋だったときも
僕がそうじや片付けをしようとすると怒ってたじゃない？
汚部屋住人時代
私がやるんだから触らないで!!
バッ
ゴミ
ゴミ
あ〜
あれも家事ができてないのを
とがめられてるような気がして
つい…
私って成長してないな
だから任せてきちゃったけど…
それに甘えてずいぶん楽してきたかも…
もちろん分担するよ
今までありがとね
――と
いうことで
これからの家事のやり方を
話し合った結果…
実は皿洗いしてるとき夫君が寛いでるとモヤモヤするんだよね
じゃ隣で応援しようか
フレーフレー
やめてもっとモヤる

翌日
さてと食後のお茶でひといきついたし
やっちゃいますか
それじゃいっせーの…
コキ
グッ
せっ
ダッ
私はまず皿を洗ってガス台をそうじする
じゃ僕は床にワイパーかけてその後洗濯物畳む
ダッ
わが家の家事は夕食後に
自己申告していっせいに片付けてしまうことにしました
水曜どうでしょうキャンプの真似
ムーヴッ
次トイレやってくる
じゃ僕はお風呂
これはなかなかいいぞ家事がほぼ2分の1になるのはもちろん
夫君もやってるからと思うと私のなまけぐせがひっこむし

作業量が減った分 ひとつひとつ時間をかけてやろうって気持ちになれるしね
キュッ
私ももうすぐ〜
終っちわった〜!
なんとなくモヤモヤしてた家事について話し合ってみたら
は〜
終わった〜 いっきにやると早いね〜
うん スッキリした
ゴロン
今の自分たちに合った分担のしかたをみつけました
まぁ
こんな分担はステイホーム中だからできることなのかもしれないけど
通勤はじまったらまた話し合って決めよっと
でも近い将来きっと
夫君の定年後とか
やっといて良かったなぁ って思う日が来るような気がする
あ
そういえば他にもあったな 〝やっとこっかな〟って家事分担
むくり
それはまた次のお話で…

いっせーのせっ!
家事分担してからのわが家の暗黙の了解
しーーっ
それは言わない約束よ〜
①少々雑な仕上がりでも文句を言わない
せっせっ
畳むの下手だな〜
と思っても大きな心でスルー
②道具を押しつけない
絶対これにつめかえて!! この洗剤使って!!
めんどくさいなー どれでもいいじゃーん
③少々なまけても大目に見よう
きょうなにもしたくなーい
じゃ僕も〜
④でも時々はげまし合おう
きょうなにもしたくなーい
パパッとやっちゃえばすぐ終わるよ〜 そしたら気分いいぞ〜
⑤先に終わったら
何か手伝おうか
と声をかける
⑥時々持ち場を入れ替える
じゃきょうはお風呂洗う〜
じゃ久し振りに皿を洗おうかな
お互いのそうじのチェックになるし ふたりともまんべんなく家事ができるようになる

第二章

家まわり編

第四話

「料理ができない夫」の巻

味覚も嗅覚もあるし
コロナじゃないと思うんだけどなぁ
んーっ
やっぱこのカレーパンうまいわ〜
あれ？せき出てきたね
夕飯食べられそう？何がいい？
え〜っと
ハンサム食堂のガパオライス
ケホ ケホ
その後37度の微熱が出たりひっこんだりして…
3日目
ピザとるけど食べる〜？
ピザかぁ〜
まぁいいか…
おーい
お昼買ってくるけど何がいい？
……
ごはんとみそ汁
声は治った
それだけ？食欲ないの？
じゃあパックごはんとカップみそ汁買ってくるよ
あ
ごはんは冷凍してるのがあるんだっけ？
違うの
炊きたてごはんとお出汁《だし》とったみそ汁がいいの

OK〜!
じゃあ
オリ○ン弁当で
白米と豚汁
買ってくる〜
あっ
えっと
そうじゃ
なくて
パタン
あ〜ぁ
誰かの
手料理が
食べたい…
夫よ
せめてごはんと
みそ汁は作れる
ようになってくれ…
ボフ
ここ最近
よく考える
ようになった
"夫君料理
できない問題"
前回そうじの
分担を提案して
成功したものの
炊事はいまだ
100%私の担当
夫君定年後
三食全部
私がやるの?
だって
僕
できない
もん
このままだと
年とってから
大変そうだし
やっぱり少し
やってほしいって
提案してみよう
ってか正に今
大変だし…
梅干しは
うちにあったもの
オリ○ン
ねぇねぇ
夫君は最近
料理してみたい
と思ったこと
ない?
楽しいよ〜
料理って
ソーシャル ディスタンス
料理?
全然ない
なぁ
大学時代は
少しやったけど

でもさすがに3日間もお弁当とかが続くと あきちゃうでしょ？
家の味が恋しいっていうかさ
平気だよ 前にぽんちゃんが1カ月帰省したときも毎日弁当で困らなかったし
父の闘病で
多分3カ月でも1年でも平気
いや～ でも おうちごはんの方が体には良いしさ
そう？ 最近は食材や添加物に気を配ってるお弁当屋さんも多いよ
しかも手作りでおいしいし
え、えーっと
というか今の時代 夫君も料理くらいできた方がいいと思うけどな
やっぱ自立した大人としてさ～
え？
今の時代というなら宅配も充実してるし 料理苦手な僕が無理する意味が分からないよ
一向にかみ合わない
夫婦の会話
うぐぐ
むむむ
どんだけ料理
したくないんだ
させたいんだ

ふー
うん
分かった
夫君が料理に興味がないこと
夫君が料理するより買った方が早くて美味しいってことも
人には得手不得手あるしね～
ホッ
ありがと分かってくれて
たださ…
今回体調崩して色々考えちゃって
?
コロナ禍で心が弱くなってたのかなぁ…
いじいじ
私はこの先誰かのためにごはんを作ることはあっても
キラッ
私のためにごはんを作ってくれる人はもう一生いないのかなぁ…って
遠い目…
!
あはは
夫君みたいにこまめにお弁当を買ってきてくれる人がいるんだから
十分ありがたいのにね
私ったら
てへっ
うぐぐ
はぁ
分かったよ少しだけならやるよ
やったー!!
ねばり勝ち

やや強引に夫に料理をおぼえてもらうことになったのですが…
4日目復活〜
ただの軽いカゼでした
よかった
とはいえ主婦と同じレベルを夫に望むのは酷なので
とりあえずできるようになってもらえると嬉しいのは
・ごはん
・みそ汁
・玉子焼き
・カレーライス
・ハンドドリップコーヒー
の5品です
う うん
ごはん・みそ汁 玉子焼きがあれば食事ができるし
目玉焼きもできるとうれしい
みそ汁の具のバリエーションがあると助かる
カレーをたっぷり作ってもらえると2日は食べられるしね
そこにコーヒーもついたら最高
で でもさ うちって炊飯器じゃなくて土鍋なんでしょ？ 僕にできるかな〜
それに出汁なんてとったことないし
大丈夫 大丈夫 やってみたら簡単すぎてびっくりするかもよ
うちは出汁パック入れるだけだよ〜
おだしのパック
しん
こうして
よし！
じゃあまずきょうは白米を炊いてみよう
お おーう

ステイホーム中
少しずつ
料理をする
機会を作って
みたのでした
フライパンは熱して一度冷ますとこびりつきにくいのか〜
冷蔵庫にレシピを貼ったよー！
ごはんの炊き方
たまごやき
コーヒー
炊きあがったら上と下をさっくりまぜるんだね
えっ洗剤で洗っちゃダメなの？
鉄製
えーっと
小皿小皿
——そして
お料理教室
何度目かの夜
夫初のカレーライス
んーっ
美味しい！
夫君上手に
できてるよ
野菜もちゃんと煮えてるー！
んー？
そう？
なんか少し
薄い気が
しない？
そんなこと
ないよ！
本当に
美味しい！
夫君のカレーが食べられるなんて〜
じーん
………
——料理って
調理すること
以外に
やることや
おぼえることが
たくさんあるん
だねぇ
知らないことだらけだったよ…

そんな知識や経験を重ねた人が〝料理できる人〟なんだなぁって思ったよ
すごいなぁ
だからほとんど何もやってこなかった僕には本当に難しくて…
ごめんっ やっぱり僕〝料理ができる夫〟にはなれなそう
その分ほかの家事を負担するから
夫君…
でもぽんちゃんの「誰かの手料理食べたい」って気持ちや美味しいって食べてもらう嬉しさとかは今は少し分かるから
うん
いざというときには作るからね
それでもいいかな
分かった そのときはよろしく
トライしてくれてありがとう
結局夫は〝料理ができる人〟にはなれませんでしたが
近い未来が少しだけ変わった気がしています
おかわりっ
ビシッ
早っ!!

ちなみに夫君はこれまで全然料理をしたことがないわけではありません
ひとり暮らししてたし
ほんの少しだけね
あ、そういえば夫君が大学生の頃に
俺パスタは割と上手
なんて言ってたの憶えてる
ま、まぁあの頃は少しやってたけど…
はっ
それはもしや当時女子ウケねらっていたのか!?
そうなのか? 夫よ!!
お年頃だね うりうり!!
うっうるさいな〜
ほっといてよ
いつか私にも作ってね〜

第五話

これから住みたい街って?の巻

地方在住の友人とリモート飲みをしたときのこと
カンパーイ
カンパーイ
あ
娘 帰ってきた！
ホラ ぽんちゃんだよ！ 久し振りでしょ
おいで おいで
リカです～ ご無沙汰してます
わっ
大人っぽくなったね！
今いくつだっけ!?
2000年生まれなので今年ちょうど20歳になりました～
今年成人式だったのよ
わぁ
おめでとう！
ひぇ～
2000年なんてついこの前なのにねぇ
だよねぇ 20年なんてあっという間よ
あははは
そういえば私個人年金の積立をしてるんだけど
その保険会社から定期的にハガキが届くのよ
おしらせ
いつもよく見ずに捨てちゃうんだけど
めずらしくじっくり見たら
〝年金のお支払いまであと12年〟
って書いてあってさ！
えっ
あと12年!?

そうなの!!
あとたった12年で私も高齢者なんだよ!?
気分だけは今でも20代なのにねぇ
あっはっは〜
20年があっという間だったんだから12年なんてきっとすぐだよね
怖いわ〜
友達とそんな話をしてからというもの…
私が高齢者になるまであと15年…
45歳
なんだかソワソワと焦るような気分の私
さすがにちゃんと老後の備えをしないとな
チータラ
20代の頃
年齢を重ねていけばいつか
自然と貯金や人生設計ができるようになると思ってた
結婚資金
マイカー
マイホーム
子供のこと
ちゃんとした大人のイメージ
でも実は
やろうと決めて自分で動かないと
何も変わらないまま40代になっちゃうもんなんだな
もう少し早く気が付きたかった…
今何も持ってない40代
マンガ
POTATO

ねぇ
夫君は老後の備えって何かやってる？
備え？お金のことだったら定期預金とつみたてNISAやってるよ
お財布は別々です
えっ!?
NISA!? いつの間に!!
やるなら誘ってほしかったなぁ
便乗したかったん
前にお試しで株をやってみたけどちょこっとだけ優待券もらえる程度しか買ってないし
NISAも勉強した方がいいのかなぁ…
いいと思うよ
ま でもなんだかんだいって60歳ってまだまだ元気なんだから
もし金銭面が不安なときにはバイトすればいいしね
今からそんなに焦んなくても平気だよねっ
うーん
健康ならいいけど病気したとき大変だよ
ジロリ
――というか
ぽんちゃんって定時に出勤するのも毎日通勤するのも大の苦手なのに
今苦手なことをなぜ年とってからできると思ってんの？
年とったらもっと嫌になるかも知れないよ
ザクッ
出た！夫の正論!!
うぐっ
たっ確かに

――と
いうことで
ぐぉ〜
なおさら今やっとかなきゃって思えてきた〜
やっとけ やっとけ
じゃあ 60歳になったとき 大丈夫って 思えるように やっときたいこと 書き出して みるか〜
困ったときは 書き出してみる!
とりあえず 大まかな 〝やっとこっかなリスト〟を 作ってみることに
やっぱり一番は お金のこと その次は 健康のこと かなぁ
ぽんが老後に備えて60歳までに
やっておきたいことリスト
ざっくりバージョン
○貯金
・60歳までにあといくら貯められそうか
・保険は必要か ・資産運用すべきか
○健康管理
・健康診断、人間ドックは年に1度
・食生活の見直しと体力作り
○住まいの見直し
・いらない物を処分、必要な物を整頓
・増え続ける〝思い出の品〟とどう向き合うか
○親の介護や逝去したときのことを考える
・親やきょうだいと話し合い、夫婦で共有する
○自分が急に死んだ場合を考える
・誰に何を伝えておきたいか、何を残したいか

……なんだか気が重いことばっかり…
おっくうだわ〜
若い頃の夢や希望のための準備と違って
事業をはじめよう
家を買おう
子供を育てよう
車を買おう
病気に備えなきゃ
老後の生活いくら必要？
年金もらえる？
介護…
終活…
老後のための切実な備えだもんね
仕方ないかなぁ…
それから数日後
あら！
ぽんちゃん久し振り！元気!?
あ
Y井さん！お久し振りです－！
ばったり
Y井さん(58)はご近所に住むキャリアウーマン
行きつけの居酒屋でたまに会う人です
そうそう
コロナでなかなか飲みにも行けなかったから
報告が遅れちゃったけど
ふむふむ
実は私早期リタイアして千葉へ引っ越すことにしたの
前からパートナーと海が近い物件を探してたんだけど
夢だった〝ボード抱えて海に行ける家〟を買ったのよ
趣味マリンスポーツ

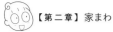

今はまだ週末だけの千葉暮らしなんだけど
海遊びや庭でBBQもできるから今度遊びに来てー！
今はスモークにハマってるの！
わぁ
行きます行きます
そんな目を輝かせて語るY井さんを見ていたら
じゃあね元気でね
パタ
パタ
Y井さんも
パタ
パタ
なんだか少しヒントをもらったような気になりました
そういえば前から〝夢は移住〟って言ってたもんな
！
数日前の私
なんだか気が重いことばっかり…
そんなことないんだね
私ももっと楽しい計画を立てたっていいんだ
よーし
帰ったらあのリストに楽しい目標や計画も書き加えてみよう
ワクワクしてきた～
ちょこっと気楽に一歩進めそうな気分です

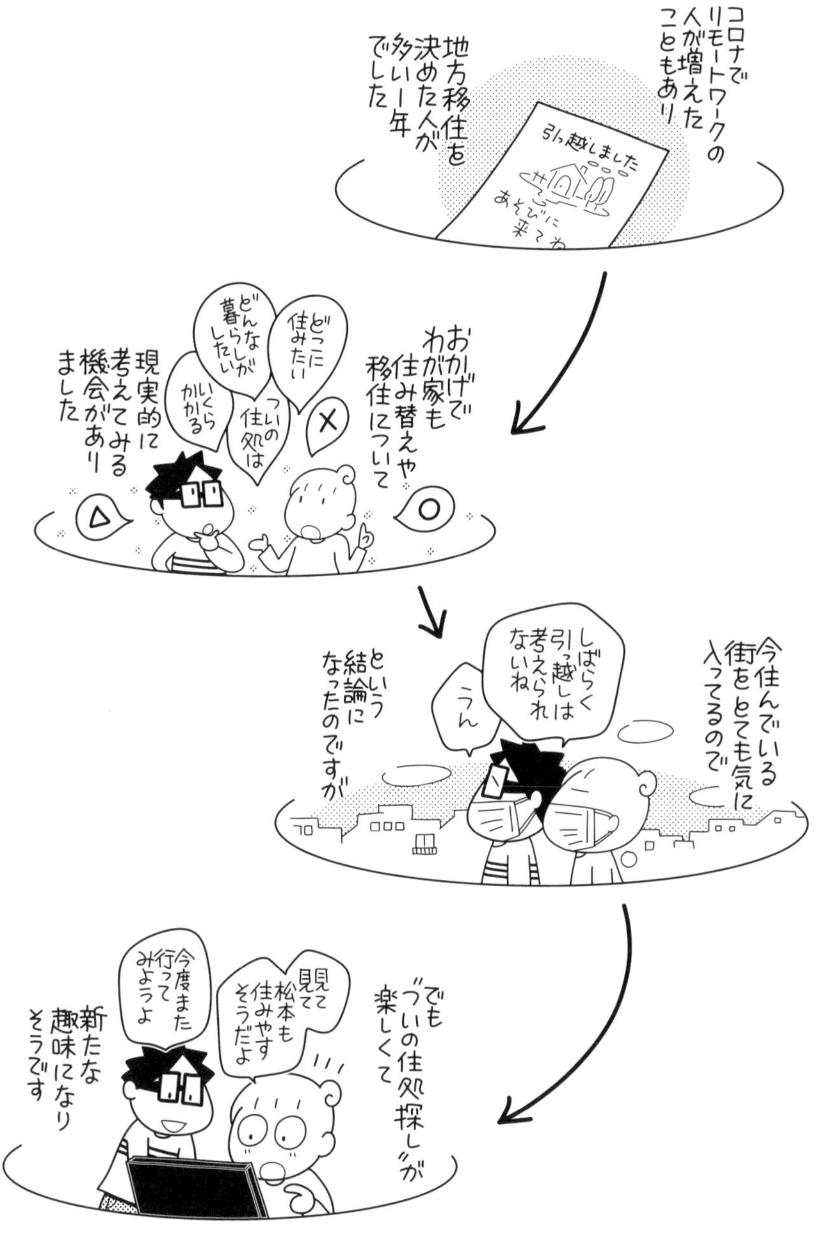
コロナでリモートワークの人が増えたこともあり
地方移住を決めた人が多い一年でした
引っ越しました
あそびに来てね
おかげでわが家も住み替えや移住について
どこに住みたい
どんな暮らしがしたい
ついの住処は
いくらかかる
現実的に考えてみる機会がありました
今住んでいる街をとても気に入ってるので
しばらく引っ越しは考えられないね
うん
という結論になったのですが
でも"ついの住処探し"が楽しくて
見て見て松本も住みやすそうだよ
今度また行ってみようよ
新たな趣味になりそうです

第六話

貯金、投資、いろいろどうする?の巻

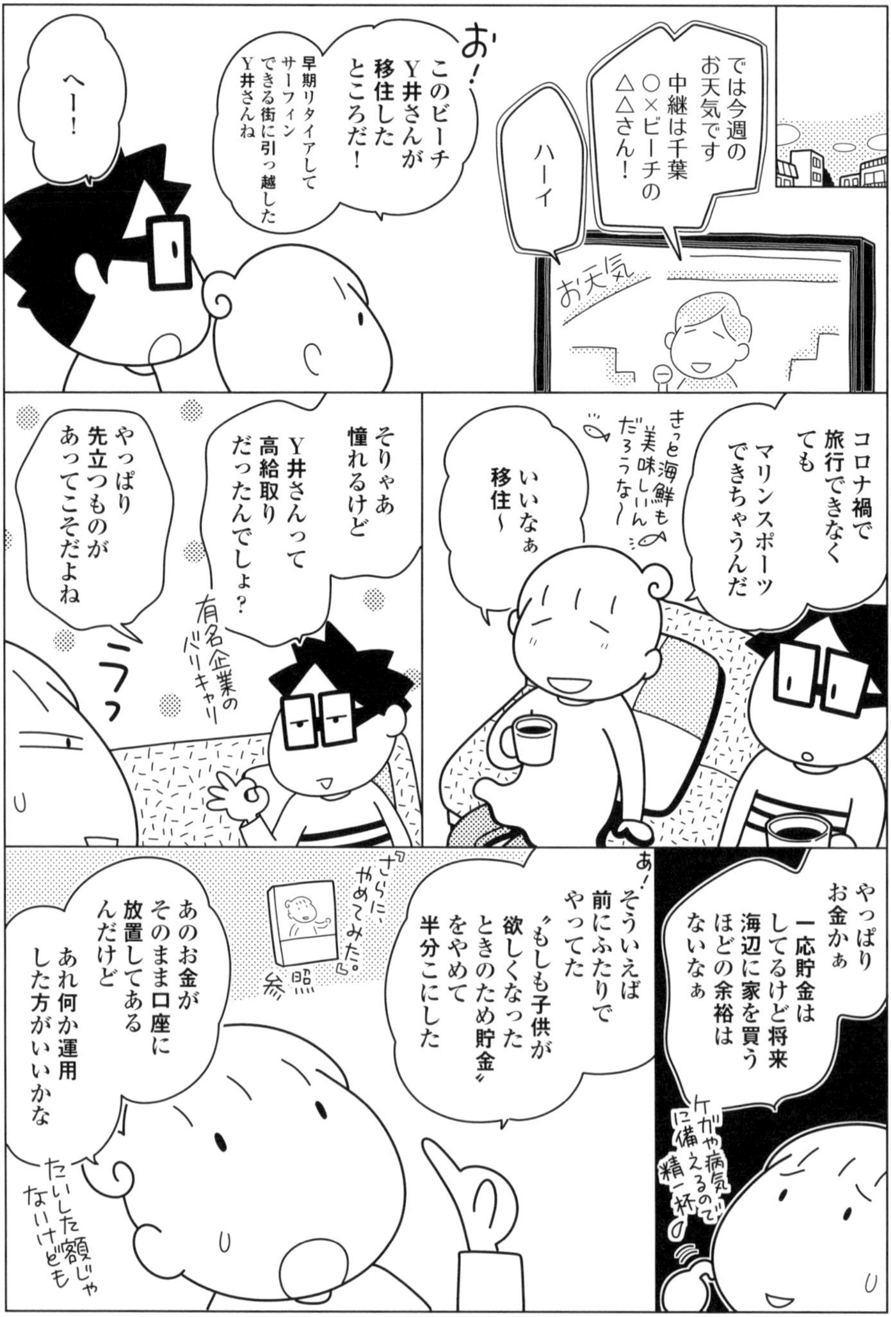

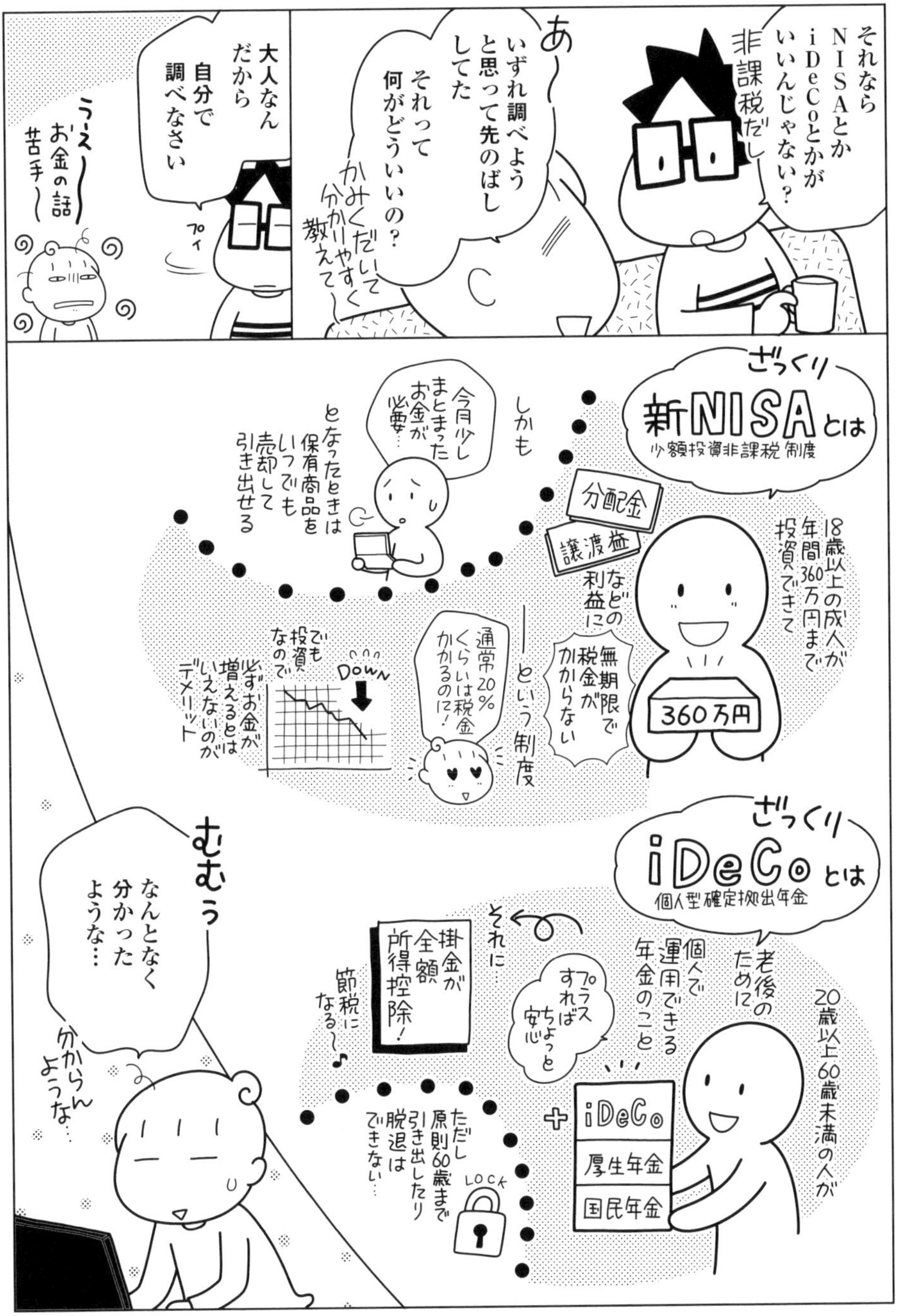
それなら
NISAとか
iDeCoとかが
いいんじゃない？
非課税だし
あ〜
いずれ調べようと思って先のばししてた
それって何がどういいの？
かみくだいて分かりやすく教えて〜
大人なんだから自分で調べなさい
プイ
うえ〜 お金の話苦手〜
ざっくり
新NISAとは
少額投資非課税制度
18歳以上の成人が年間360万円まで投資できて
分配金
譲渡益
などの利益に
無期限で税金がかからない
360万円
しかも
今月少しまとまったお金が必要…
となったときは保有商品をいつでも売却して引き出せる
──という制度
通常20%くらいは税金かかるのに！
でも投資なので
DOWN
必ずお金が増えるとはいえないのがデメリット
ざっくり
iDeCoとは
個人型確定拠出年金
20歳以上60歳未満の人が
老後のために
個人で運用できる年金のこと
プラスすればちょっと安心
iDeCo
厚生年金
国民年金
それに…
掛金が全額所得控除！
節税になる〜♪
ただし原則60歳まで引き出したり脱退はできない…
LOCK
むむぅ
なんとなく分かったような…
分からんような…

う〜む
私って収入が不安定だから いざというとき すぐお金に できると安心 だよね〜
ってことは〜
iDeCoより NISAの方が いいのかなぁ
——でも そもそも いざというときのためなら 運用より 保険の方が いいのかな？
例えば貯蓄型の保険とか
いざというとき…
何かあったら…
もしものために…
う〜ん
う〜〜ん
プチッ
はぁぁぁぁ
なんか気分が落ちてきた…
めんどくさくなっちゃったな〜
いっそのこと パーッと 使ってしまおうか
こーら
こら
ねえねえ なんかもっと テンションあがる 貯蓄法って ないのかなぁ？
例えばこんな
わ〜
金銀財宝〜
海賊か叶姉妹だけだと思う…
そんなのあるかな〜

あ
そういえば価値が変わりづらい純金積立は人気あるよ
金貨
金ののべ棒
お!
インゴット!! お宝っぽい!!
調べてみよ〜っと
1kg約1千万!?
こんなのムリだよ〜
ボフッ
そりゃそっか
なかなかいい方法をみつけられず悩んでいた
そんなある日銀行にて
おっ
宝くじ付き定期預金!?
なにこれ
それは預ける金額や期間に応じて
宝くじと利息を受け取れる定期預金
しっかり貯めながら…
宝くじ付き定期預金
お預入れ金額に応じて宝くじが受け取れる定期預金
ご自由にお取りください
普段宝くじって買わないけど
どうせはずれるからもったいなくて
利息の他にタダでもらえるならいいな〜
パンフレットもらって帰ろっと
万が一当選したらって考えると…
これぞテンションあがる貯蓄かも!!

年3回宝くじがもらえる定期預金かぁ
・ドリーム
・サマー
・年末
ふむふむ
連番で10枚もらえるなら必ず末等300円は当たるわけで…
今メガバンクの金利なんて0.002%くらいだし
ブツブツ
それと比べたら割がいいともいえるけど…
ブツブツ
計算してる…
んー
でもやっぱりNISAの方がお金が増える確率高いし
これも預けたら3年は引き出せなくなるけど
いいの？
うん いいんだ
宝くじ楽しそうだからやってみたい
あっけらかん
えーーっ
そんな理由!?
積み立て貯金とかは自分なりにコツコツやってきたけど
でも貯めてる理由が〝ケガや病気〟〝働けなくなったときのため〟〝老後のため〟っていうちょっとネガティブなことばかりで
貯まれば安心ではあるけど
今現在の楽しみがなくて実は少しストレスだったんだよね
毎月収入が
貯金に流れていくだけ〜

それに元々このお金は〝もしも子供が欲しくなったときのために〟っていうハッピーな用途だったから
明るい気分になれることに使いたいと思ってたんだ
NISAの方は以前からの貯金の一部を使ってやってみることにするよ
そっか
こうして私はちょっと変化球気味な貯蓄法〝宝くじ付き定期預金〟を始めました
おお〜っ
今は口座もネット上に作る時代かぁ〜
宝くじは連番かバラか選べるんだね
数カ月後
ピンポーン
ふっふっふ〜
届いたよ〜
当選番号発表されたら一緒に見ようね
おお〜
当たりますように！
ワクワク
自分の楽しみとストレス解消のために始めたものの
〝楽しさ優先〟もたまにはいいかも
今では家族の楽しみになっているのでした
今度神社行ったらおいのりしよーっと

第七話

居心地のいい空間の巻

この部屋を見られるってことかー
ごちゃっ…
ちらかってて恥ずかしいな…
なんだかんだでこの一年インドアで楽しむためのアイテムたくさん買ったしなぁ
夫が買ったもの
ストレッチポール
カホン
スリットドラム
マッサージ器具
家のみ用日本酒
ぽんが買ったもの
カリンバ
マンカラ
アクアリウム
植物
焼肉用コンロ
一緒に買ったもの
小さいプロジェクター
リラックスできる部屋着
肩もみ機
ものをしまう場所も少なくなってきて全体的に部屋がキュークツになってきた気がする
グラス4P
たこやきプレート
カセットコンロ
ぎっちり
いつ入院して部屋を見られてもいいように片付けておかなきゃ
あれ？入院というか…

もしかしたら最悪帰ってこられないなんてことも!?
ジジジ…
はっ
ヤバイッ
友達どころか夫君にすら見られたくないものもあるのにっ!!
昔の日記とか黒歴史が〜〜
聞こえてるよー
よしっ!! こうなったらいつどこを見られても恥ずかしくないように
家中徹底的に整理・整頓するぞ!!
ドスン
テーマは「いつ逝っても大丈夫!」だ
こうして始まった〝大片付け〟
写真や思い出の品はコンパクトにまとめてと
PCの中のデータも整理しよっと
アルバム
ALBUM
MEMORY
見られたくない昔の日記とかは思い出としてとっておきたい気もするけど…
えーいっ
思い切って処分!
結局今まで一度も読み返したことないし
そうだ仕事の書類もまとめておいた方がいいな
ん?
よっこらしょっと

あ〜
そういえばレンジフードのそうじしばらくサボってたんだった
ぽんちゃんやっぱりズボラ〜らしいわ〜
なんて言われないようそうじしよっと
それから毎日少しずつ片付けていき
こんな古いブラジャー着けてたのかとか言われちゃうかな
部屋がスッキリしていくとともに
これ使ってないなら捨てるよ
アイピロー
使ってるよ!!
ちょっぴり欲も出てきたりして…
わ〜
片付いたら玄関のちょっとした置物も映えるわー
あら北欧っぽくてステキ♡
なんて言われちゃったりしてね
ぐふふ
そんなある日
ねえねえ
このストレッチポールここにあると見栄え悪いから仕事部屋のクローゼットにしまっておいていい?
北欧テイストの部屋にしたいの
えっ
うーん別にいいけどぉ…
あ あとこの夫君の本もリビングには合わないから
ちょっちょっと待って!

万が一のためで片付けてるのは分かるし
僕もやらなきゃと思ってるし
とってもありがたいんだけどさ
ぽんちゃんの理想に合わないからって
僕のものをどかしたりしまったりするのは悲しいよ
――あっ
それに
ぽんちゃんはそんなふうにずっと
人目を気にして暮らしていくつもりなの？
落ち着かなくて
僕は嫌だな
そこでようやく私は夫君の気持ちをおいてけぼりにしていたことや
そっかそうだよね
以前から何度も取り組んで解消しつつあった
〝人目を気にする性格〟が
友達少ないの
恥ずかしい
キョロ
キョロ
人見知り
赤い服着たら
笑われるかな
やめてみた。
シリーズ見てね！
まだまだ染みついていることを実感したのでした
ペチ
ペチ
よしっ

ごめんっ!!
これまでずっと夫君はインテリアに興味がないと思ってたのもあって
私ひとりで暴走してたかも…
ペコリ
まぁ実際あまり興味はないんだけどね
この先夫君も家にいる時間が増えるし
今はリモートワークで
いずれは定年退職で
人目を気にせず好きなものに囲まれて寛《くつろ》ぎたいよね
これからは何でも言ってよ
あ！そういえば実は飾りたい絵があるんだ！
ぐっ
ずいぶん前にひと目ぼれして買ったデービッド・ブルさんの浮世絵
テレビゲームをモチーフにした浮世絵
持ってるだけで満足しちゃってずっとしまい込んでたんだ
へー！いいね！せっかくなら額装してもらおうよ！
ひぇーかっこいい〜
こうしてわが家の〝大片付け〟は
うん
〝家族みんな自分らしく暮らせる家〟をテーマにがんばることとなり

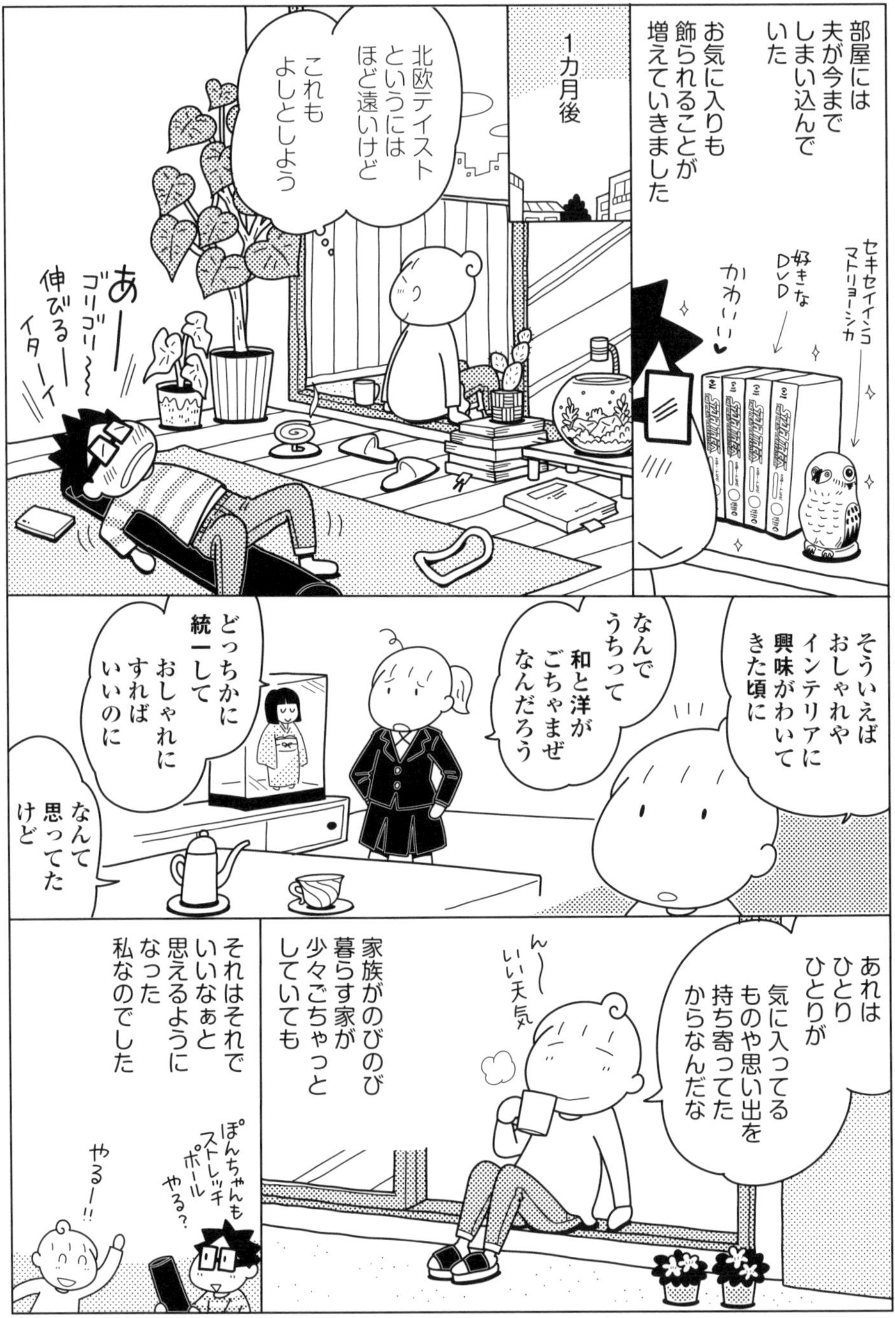
部屋には夫が今までしまい込んでいたお気に入りも飾られることが増えていきました
セキセイインコマトリョーシカ
好きなDVD
かわいい
1カ月後
北欧テイストというにはほど遠いけど これもよしとしよう
あー
ゴリゴリ〜〜
伸びるー
イターイ
そういえばおしゃれやインテリアに興味がわいてきた頃に
なんでうちって和と洋がごちゃまぜなんだろう
どっちかに統一しておしゃれにすればいいのに
なんて思ってたけど
あれはひとりひとりが気に入ってるものや思い出を持ち寄ってたからなんだな
ん〜 いい天気
家族がのびのび暮らす家が少々ごちゃっとしていても
それはそれでいいなぁと思えるようになった私なのでした
ぽんちゃんもストレッチポールやる?
やるー!!

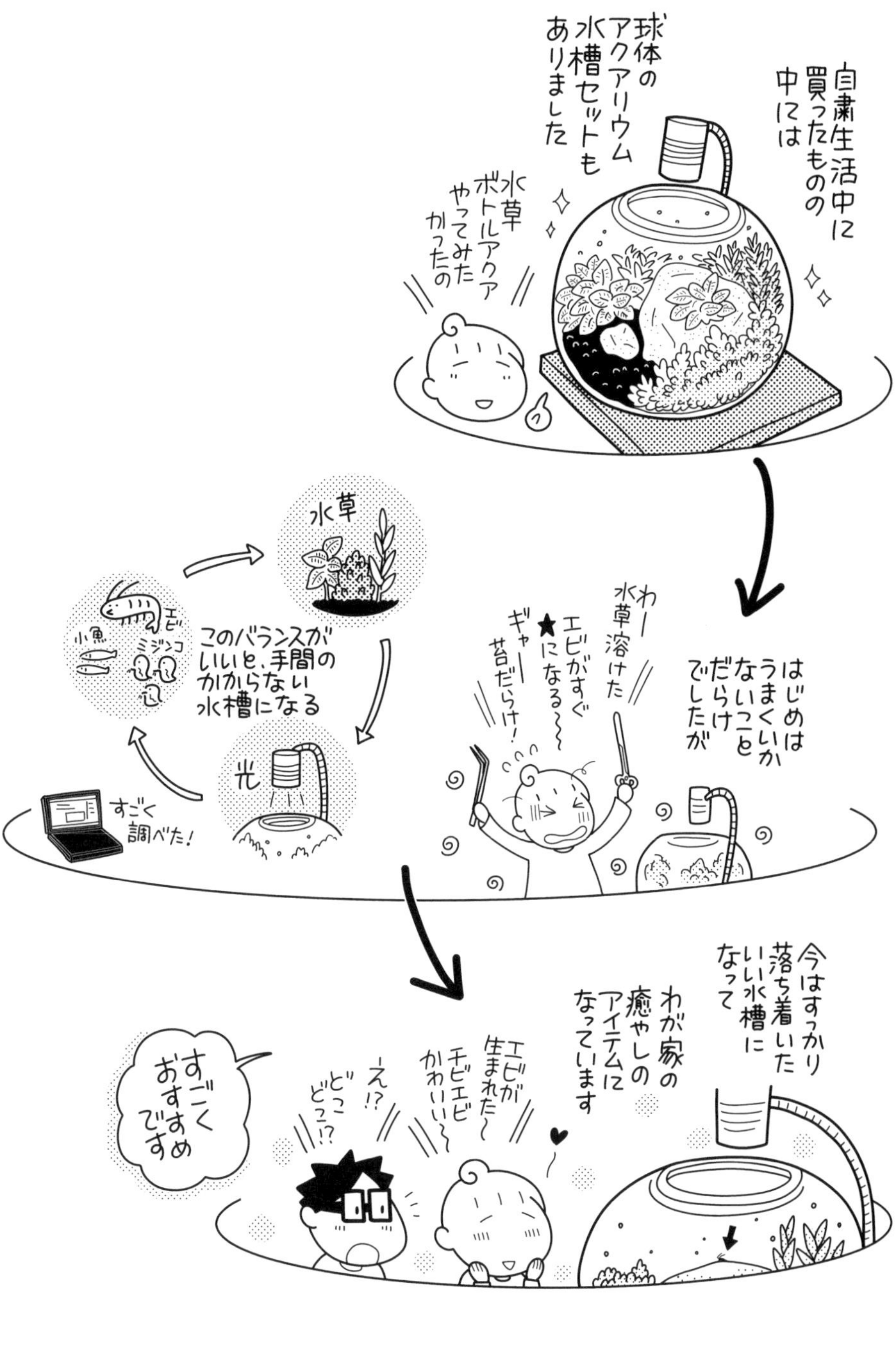
自粛生活中に買ったものの中には
球体のアクアリウム水槽セットもありました
水草ボトルアクアやってみたかったの
はじめはうまくいかないことだらけでしたが
わー 水草溶けた
エビがすぐ★になる〜〜
ギャー 苔だらけ!
水草
エビ
小魚
ミジンコ
光
このバランスがいいと、手間のかからない水槽になる
すごく調べた!
今はすっかり落ち着いたいい水槽になって
わが家の癒やしのアイテムになっています
エビが生まれた〜
チビエビかわいい〜
え!? どこどこ!?
すごくおすすめです

ひえー
かっこいい〜

第三章

「体と心」編

第八話

まさかの急病！の巻

リモートワークで通勤がなくなったから全然歩かなくなったもんねー
トントン
あ〜
ふくらはぎと腰が痛い
えっ
腰!?
大丈夫？どんなふうに痛む!?
私がこんなに心配するのにはわけがあって…
大丈夫だよー
それは数年前のある秋の夜のこと
うっ
ギッ゙クリ
風呂あがり
夫はもともと腰痛持ち
やったな
その日もてっきりギックリ腰だと思っていました
うわっ
あしたは祝日でかかりつけ病院が休みだ〜
近所だと駅向こうの整形外科しか開いてないや
しかたないか…
翌日痛み止めの注射をしてもらい丸一日寝ても良くならず
今回のギックリ腰はひどいねえ
いててて

そのまた翌日
うう…
ちょっと痛すぎるかも…
救急車呼んで〜
プルプル
ピーポーピーポー
椎間板《ついかんばん》ヘルニアですね
神経の炎症が治まるまで少し入院しましょう
背骨の中の椎間板がでっぱって神経を圧迫し炎症をおこす病気
ギックリ腰じゃなかったのか…
そういえば最後にトイレに行ったのはいつですか?
あ
そう言われてみれば
それどころじゃなく痛かったので…
腰が痛くなってから一度も行ってないかも
ガバッ
それはまずいっ!!
すぐに手術しないと!!
紹介状を書くので大きい病院へ行ってくださいっ!!
えっ!?
なんとヘルニアが神経を圧迫して一時的な下半身のマヒと尿意や便意がなくなっていた夫
次の病院も救急車で移動
ピーポーピーポー

手術の前に
ご家族の方に
お話ししておきたいのですが
炎症をおこしてる神経が壊死してしまった場合
手術しても歩行障害や排泄障害が残ることがあります
ご主人は発症から時間が経っているので
その確率がかなり高いと思われます
ドキッ
――障害
ギュッ
もちろん術後の回復にもよりますが
覚悟はしておいた方がいいかもしれません
ではしばらくお待ちください
はは はい
よろしくお願いします!!
手術が終わるのを待つ間
必要な書類を書きながら
休憩室
障害だなんて
急すぎて現実味がないや
うそみたいにいい秋晴れだし…
しばしボー然とする私

夫君
歩けなく なったら どうしよう…
ポロリ
ゴシ ゴシ
落ち着こう 一番大変なのは 夫君なんだ
どんなことに なっても サポート しないと！
よーし！
もしも車イスに なったときのために 新居探しを しよう！
あ！ こういう 場合って障害年金は もらえるのかな？
調べてみよっと
そうだ
前から気に なってた株を 勉強してみるのも いいかもしれない
やるっこと一覧表書こっと
とにかくできる ことを書き出して 気持ちを落ち着け ようとしました
その後
夫の術後は 医師が驚くほど 良好で
リハビリ
イテテテ
少しつまさきに しびれが残って いるのと おしっこを ガマンしづらい という後遺症 だけで
ちなみに 現在は すっかり 治りました
はー 外だ〜
日常生活に 戻ることが できたのでした

あのときは本当に頭がまっ白になったよー
日常ってこんなふうに突然変わっちゃうんだって思った
はいコーヒー
うん
怖かったよね～
自力でうんこできる体に戻れてよかった
そういえば退院のとき先生が
椎間板ヘルニアは再発する病気です…
筋肉をつけると背骨への負担が減るので
やせることと適度な運動が予防になります
——ってことは…
このまま運動不足が続くと
再発するかも…？
イヤ～～
ということで
このところサボっていたウォーキングを再開することにしました
キツイ～
いつものコースなのに
でもなんだかすがすがしくて気分いいね
誰もいないしマスクとっちゃおー
そだね
うん
改めて自分の足で歩ける幸せを感じるよ

年齢的に この先病気も 増えるだろうし
ヘルニア再発 だけじゃなく
高尾山
将来の健康の ためにも
体力作りを やっとくのも いいことだね
なるべく 元気で いよう
うん
その言葉は
自分のため でもあり
家族や 友達のため でもあり
そして これからも 共に生きる
約束のよう にも思え ました
あ〜 ふくらはぎ イタ〜〜
ホッ
ホッ
ホッ
そういえば あのとき勉強 してた株は どうなったの？
買ってみたよ！ ビジネスホテルの 株を買ったら
宿泊優待して もらえるんだって
ほんの少し だけだけど
自粛中は 体力作りして
コロナ禍が あけたら 旅行しようよ
どこが いいかな
おっ いいね〜
わが家の 健康意識は ちょっぴり 高まってきた ようです

第九話

「心のコロナ疲れ」の巻

自粛生活となって約1年ほど経った頃
ゴクッ
ちょっとー
ぽんちゃん飲み過ぎじゃない？
WINE
自粛生活のなかで夕食の時間が早くなり
えへへ～
大丈夫大丈夫
トクトクトク…
夕方早くからお酒を飲むことが多くなったわが家
ほどほどにしなよ～
僕はおフロ入ってこよっと
特に私は酒量が増えていました
むむっ
もう一本開けちゃおうかな
ワイン箱買いしてた
――というのも
少々心がモヤモヤしていたからです
ああ
気がめいる
WINE
実はコロナがまん延し自粛生活が始まった2020年3月末
タレントの志村けんさんが新型コロナウイルスによる肺炎のため亡くなりました
えっ
NEWS速報

それまでも新型コロナウイルスが原因で
重篤な症状になっている方のニュースは見ていましたが
訃報
志村けんさん(70) 死去
子供の頃から慣れ親しんだ大好きな
タレントさんの死に大きなショックを受けました
その後も有名な俳優さんや
大好きだった映画監督さんが
命を落とすニュースが続き
そのたびに焦ったり
ひどく落ち込むようになっていったのでした
ゴクッ
ゴクッ
家を整えなきゃ!!
なぜかすごく強く思い込んでいた
人って案外急に亡くなっちゃうもんなんだな…
そしてその頃から
仕事にも影響が出はじめ
えーっと
次は第3話のネームだから…
ん?
きょうの感染者数は5千人を上まわると見られており——

ぐっ
急に悲しくなって涙が出るようになりました
ポロ
ポロ
ポロ
世の中こんなに大変なのに
私の日常を描いているだけのマンガなんて本当に必要なんだろうか
筆が進まないまま時間ばかりが過ぎて
うーん
うーん
眠れず昼夜逆転の生活が続き
あ
まだ寝てるのかな？
きのう遅くまで飲んでたみたいだしなぁ〜
昼夜逆転してるので夫と会う時間もかなり減った
――そして
何をがんばっても流行《はや》り病で死んでしまうなんてむなしい
いっそのこと私も死んでしまいたい
とりとめもない悲しい考えが頭の中をグルグルするようになりました
その後心療内科を受診して
お薬を飲むようになったのですが

眠れるようにはなったものの
気持ちはまだ前向きになれないままです
お薬とお酒の飲み合わせは記憶が飛んでしまうことがあるんだよね
本当はお医者さんに止められてるんだけどついつい…
何も知らない夫君
は〜
サッパリした〜
あ!
そういえばぽんちゃんに何か届いてたよ
ハイ!
なんだろ
ビリッ
それは以前ひょんなことから知り合った漫画家のK先生がデザインした御朱印帳でした
わぁ
かわいいなぁ!
これをきっかけにわが家も御朱印集め始めてみる?
集めたのを棺桶に入れてもらうと極楽に行けるんだって
棺桶かぁ
ーーでも私あんまり興味ないんだよなぁ
ってか御朱印よりK先生にサインしてもらった方が私にとってはご利益ありそう
!
ピコーーン

それ
いいんじゃ
ない？
仕事でお世話に
なった人や
友達から
サインを
もらったら
どうかな？
夫婦で
仲良くして
いる人にも
書いて
もらってさ
楽しそうじゃない？
——そうだねぇ
お世話に
なった人に
あいさつ
できるし
いい終活に
なるかも
知れない
WINE
ネガティブに
考えながらも
スタートして
みることにしました
それ
からは
出かけるときは
御朱印帳を持ち歩き
あっ
管理人さんが
いる！ ホラ！
サインもらって
おいでよ
えっ
ううん
ザッ
ザッ
友人や仕事仲間
お世話になってる
人にサインを
もらうことに
しました
お願い
します！
え〜
私のサイン⁉
なんか
照れる
わ〜

集めはじめて
みたら
これがとても
面白くて
イラストを描いてくれる人
私と夫の似顔絵を描いてくれる人
夫くん
ぽん
状況を書いてくれる人
冬の訪れを待ちながら中野で燗酒を飲みつつ
それぞれ個性が出るねえ
座右の銘を書く人
人生楽しく美味しく
便乗する人
僕もそう思う!
手形を押す人
ドーンと書く人
すみっこに小さく書く人
——あ
マンガ楽しみにしてます
出会えてよかった!
いつもありがとう
ずっと友達でいよう
こうやって改めて見るとさ ぽんちゃんって
たくさんの人に応援してもらえる人生だよね
仕事でもファンレターもらったりするしね
——うん

落ち込んでいた気持ちが
どしたどした
嬉しかったんか？
うんっ
ひぐひぐ
少しずつ軽くなるのを感じました
そして自分がいかに変化に弱かったのか
心が〝コロナ疲れ〟していたのかを思い知りました
こうして私にとって御朱印帳《サイン》は
は〜
なんだか元気が出てきた
コロナは怖いけど自分を見失う方が怖いもんね
特別なご利益あるものとなったのでした
ちなみに
その後心の調子はゆるやかに回復し
コポコポ
適度な感染予防をしつつマイペースに仕事を進めながら
これから出会う人にもサイン書いて欲しいなぁ
おだやかに日々をすごしています

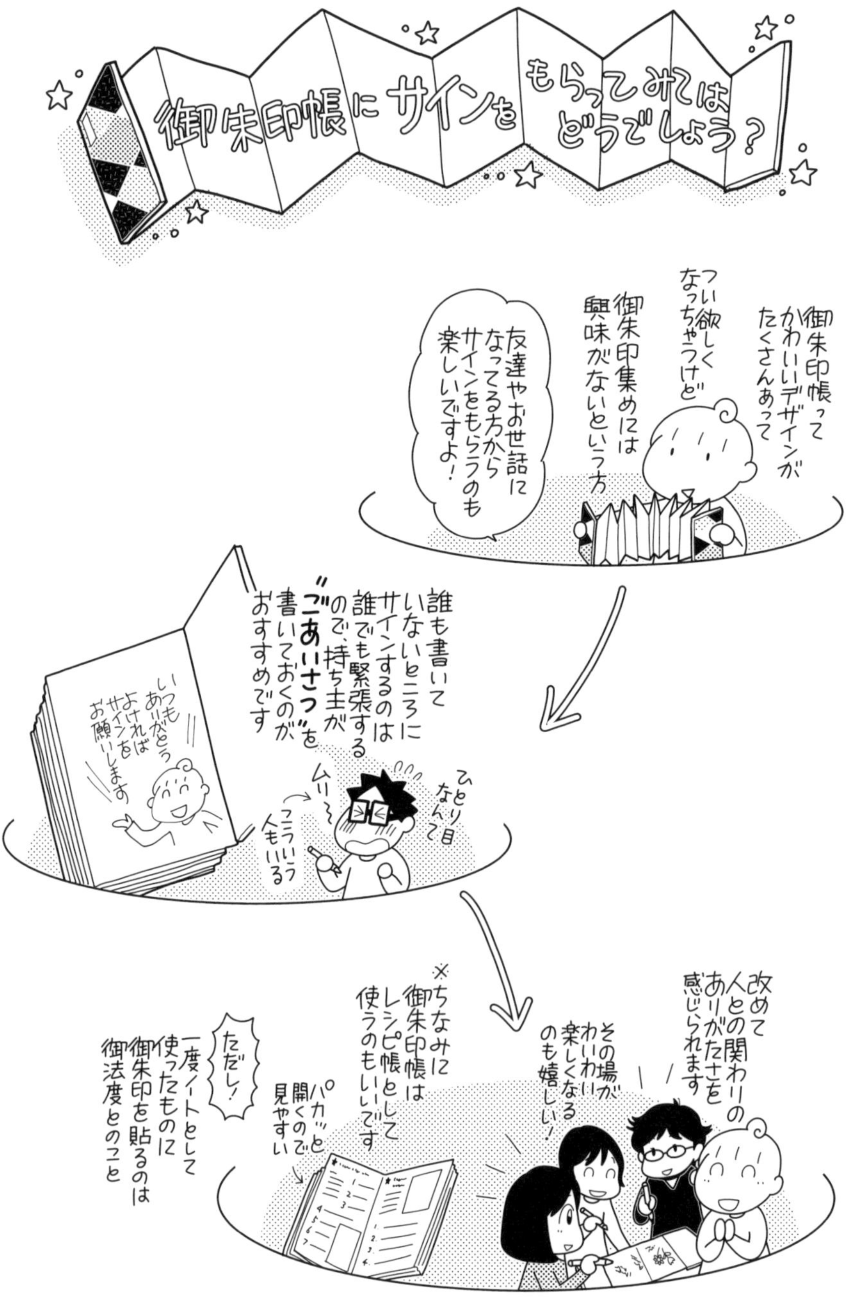
御朱印帳にサインをもらってみてはどうでしょう？
御朱印帳ってかわいいデザインがたくさんあって
つい欲しくなっちゃうけど
御朱印集めには興味がないという方
友達やお世話になってる方からサインをもらうのも楽しいですよ！
誰も書いていないところにサインするのは誰でも緊張するので、持ち主が“ごあいさつ”を書いておくのがおすすめです
いつもありがとうよければサインをお願いします
ひとり目なんて
ムリ〜
こういう人もいる
改めて人との関わりのありがたさを感じられます
その場がわいわい楽しくなるのも嬉しい！
※ちなみに御朱印帳はレシピ帳として使うのもいいです
パカッと開くので見やすい
ただし！
一度ノートとして使ったものに御朱印を貼るのは御法度とのこと

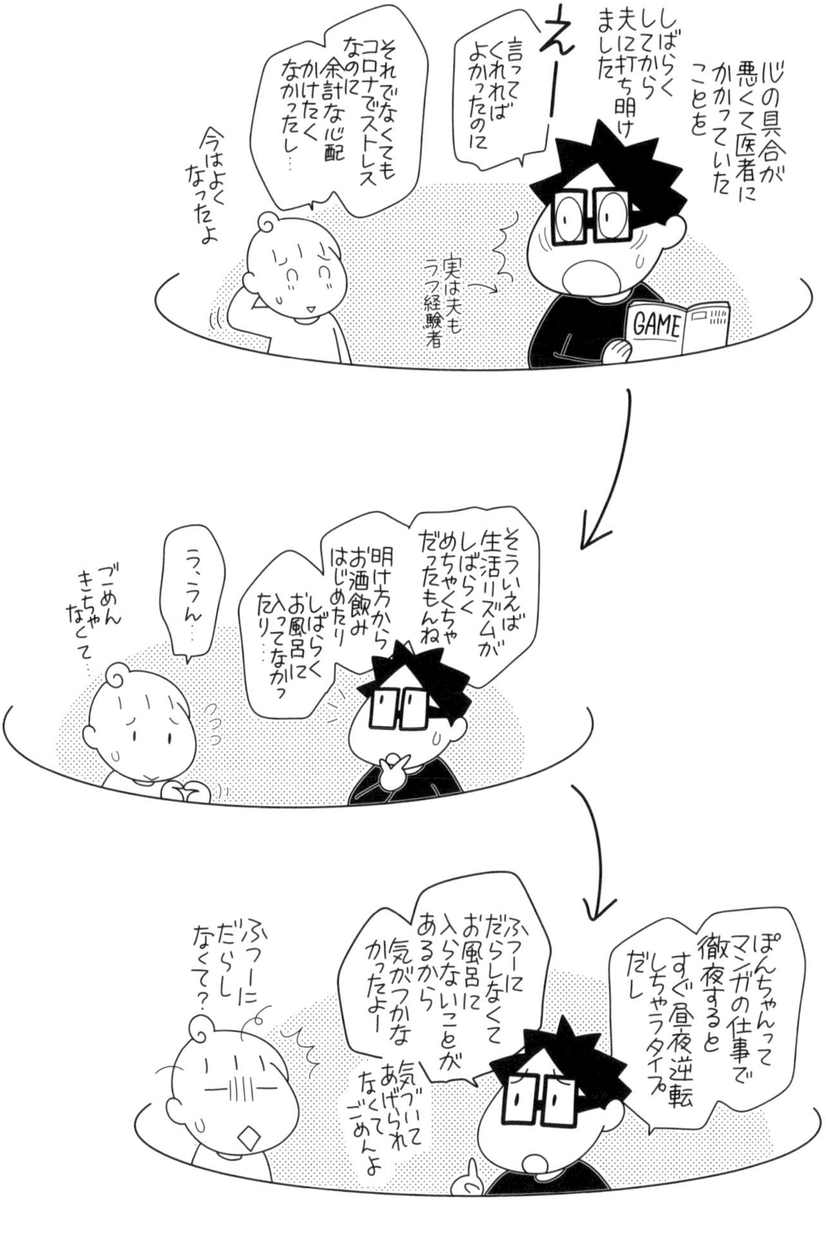
心の具合が悪くて医者にかかっていたことを
しばらくしてから夫に打ち明けました
え——!
言ってくれればよかったのに
それでなくてもコロナでストレスなのに余計な心配かけたくなかったし…
今はよくなったよ
実は夫もうつ経験者
そういえば生活リズムがしばらくめちゃくちゃだったもんね
明け方からお酒飲みはじめたりしばらくお風呂に入ってなかったり…
う、うん…
ごめんきちゃなくて…
ぽんちゃんってマンガの仕事で徹夜するとすぐ昼夜逆転しちゃうタイプだし
ふつーにだらしなくてお風呂に入らないことがあるから気がつかなかったよー
気づいてあげられなくてごめんよ
ふつーにだらしなくて?

第十話

新しいご近所付き合いの巻

はいこれ！
コロナ禍
お見舞い
うちの庭に
咲いた
あじさい
よかったら
飾って〜！
わぁ〜
キレイ!!
たくさん
咲いたから
友達に配ってるの！
じゃね
コロナに
気をつけてね！
うんっ
ありがとっ
さっそく
生けてみたら
ん〜
いい色
なんだか
部屋の空気の
入れ替えを
したような
清々しい
気分になり
ました
ずっと
こもりきり
だったから
季節の花を
ゆっくり眺める
機会も減って
たんだね 私たち
そうだねぇ
粋なこと
するなぁ
Mちゃん
それに
ほんの少し
だったけど
やっぱり直接
会って話せるのは
いいなぁって
実感したよ〜
元気そうで
よかったなー

うず うず うず
コロナ禍お見舞い私もやってみようかな
いいな いいな いいな〜
あ
ホラ！山形のおそば取り寄せるし
ついでだからご近所友達にもおすそわけってことで
普段お世話になってる人たちにさ
花笠そば
気軽なお値段
ん〜
でもなぁ…
Mちゃんと僕らは気楽にやりとりできたけど
もっときっちり自粛生活している人に会いに行くのは迷惑かもしれないよ？
そうかぁ
じゃ
あらかじめ連絡して了承をもらってから訪問するよ
うう〜ん
大丈夫かなぁ
さっそくメールしてみよっと
ということで
93%
Yさん、ハロー 山形のおそば食べない？散歩がてらいえに配達するよー！
もし今、対面が怖かったら、玄関においておくよ
そば食いねぇ
ご近所に住む友達に声をかけてみることにしました

すると連絡したみんなから快い返事があったので
ピロン
え！いいの！？おそば大好き！
ピロン
わー！食べたい！ありがとう〜
ピロン
山形のおそば！？うれしいーありがとう！
数日後山形から届いたおそばを持って
星川の生そば
それではコロナ禍お見舞いまわり出発します!!
スタート!!
友人宅をまわることにしたのです
持病があるからずっとこもってたんだよ〜
ありがとねー！
習い事つながりM夫婦
久し振り！ハグしたい〜けど今はガマンだね〜
仕事つながりで知り合ったR子ちゃん
早くお店でワイワイやりたいね〜体がなまっちゃってさ〜！
よく行く居酒屋の店長さん
STATION
お返しなんていいのに〜
でもおそばうれしい！
居酒屋友達M夫婦
元気そうだね
顔見られて良かったよ〜
友達の紹介で知り合ったSさん
マッサージのY子さん
ひきこもり中のごはんにマンネリしてたから
生そばうれしい
やったー！

するとその途中
ねぇ
もしよかったらこれ持っていかない？
荷物になっちゃうけど
うちで読み終わった本なんだけどステイホーム中たいくつしのぎになるかと思って
つっぱり棒でステキインテリ
グリーンと暮らすインテリア
○X殺人事件
わぁ
読む！ありがとう
読み終わったら捨ててもいいし他の人にまわしてもいいからね！
うん！
雑誌好きな友達にも声をかけてみるよ
こんなことがあってから…
ご近所さんたちと〝ちょこっと交流〟を
友達から雑誌回ってきたけど読む？
カレー作りすぎた!! 食べる？
テーブルを買ったんだけど組み立てを手伝ってほしい～
田舎から大量の枝豆が届いた～！食べない？
ちょっとだけお茶する？
するようになっていきました
それはコロナ前の会食や飲み会といった交流よりも
かんぱーい

短時間で済むからか
誘うのも断るのも気楽だし
この後、時間があったらウォーキング行かない？
ごめん！13時から打ち合わせだ～
りょーかい！また誘うね～！
ささいなことでも誰かの役に立てる満足感や
近所に助けてくれる人がいることを再確認できて安心したり
何よりも自粛生活で感じていた人恋しさが癒えていく気がしました
ねぇ見て見て～
この前まわした雑誌に載ってたつっぱり棒収納
実践してみたんだって
Yさんから画像届いた～
おお～
いいね
……
なんだか不思議だなぁ
私ってそもそも人見知りで人付き合い下手だから
ご近所付き合いなんて無理だと思ってたんだ

ここに引っ越して13年
こんな私でも友達ができたけど
心の中では正直
ご近所さんとの距離感を
どれくらい仲良くなっていいもの？
もし仲違いしたらこの町に住みにくくなっちゃうしなぁ…
測りかねていたところがあったんだよね
でも今回
ご近所さんとのいい距離感ってのをちょびっと学べたかも
それは良かったね
そしてこれは近い将来のためにやっておきたかった
おだやかに楽しく暮らすための環境作りに繋がったような気がします
いいご近所さんに恵まれたね
これからも大切にしないとね
うん
どぞ
サンキュ
キラーン

山形県尾花沢市
製麺 星川の
花笠そば!
お話に登場した山形のおそばはこちら!!
大好物
雪とスイカと花笠のまち尾花沢
花笠そば
5人前
要冷蔵
製麺 星川
保存料、防腐剤、食塩無添加!
生そば5食入り
¥680
安いっ!
太くてコシの強い田舎そばで、冷たくても温かくてもおいしい! モチモチ歯ごたえがたまらない、子供の頃から大好きなおそばです
わが家では普通のざるやかけの他に…
きざみのり
OLIVE OIL
鮎魚醤
ポイント!
鮎魚醤とオリーブオイルであえてきざみのりをかけ
うまいっ
白ワインでいただくのが好きです

第十一話

ついにコロナ!?の巻

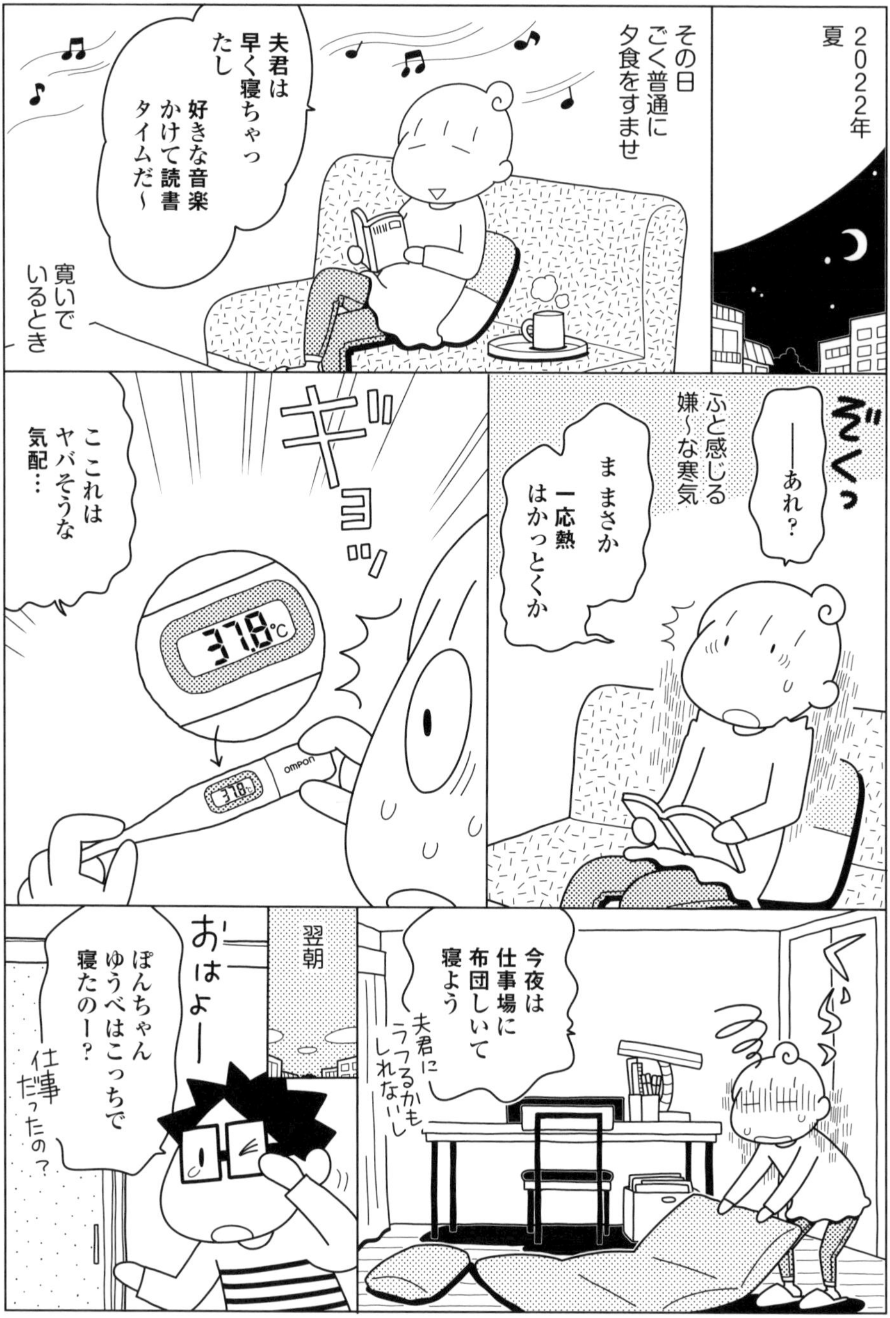

ゲホゲホッ
ごめん夫君っ
ゲホゲホッ
もしかしたらアレかも…
早く扉を閉めるのだ～
えっ
この時点で熱が39度を超え
区で無料配布している検査キットを申請
ゲホゲホ
ゼェゼェ
チェックしてみたら
ゲホ
うわぁやっぱり出たよ
ゲホゲホッ
陽性でした。
あちゃー
どうする？病院行く？
このところ東京都の感染者数は1日2万人を超えていて
病院がとても混み合っていて受診が難しく
自宅で様子を見ることになりました
ここに隔離中
仕事部屋
私の場合
39度を超える熱ひどいせき強い倦怠感があり
頭痛や喉の痛みは少なめ
ゲホゲホ
ゲホ
ついになっちゃった…
重症化したらどうしよう

夫に感染しないようふたり共常にマスクをして
触れたものや通った所にすぐに除菌スプレー
トイレトイレ
通りますよー
シュッシュッ
ヨロッ
食欲はなかったけど夫が用意してくれた簡単な食事ですませました
薬の前に少しおなかに入れないと
ゲホ
ありがど～
ゲホ
フリーズドライみそ汁
冷凍してた土鍋ごはん半膳に梅干しごましお
時間の感覚がなくなるほど
はっ
おっと
映画の途中で寝ちゃってた
ってか今何時だ
まどろみと覚醒をくりかえすこと3日3晩
POPORI SWEET
天然水
4日目
はー
やっと少し体が楽になってきた
せきはまだひどいけど
ようやく熱が下がりはじめ峠を越えた感じがありました
ホッ
ゲホゲホ
37.5℃
お
食欲も回復してきたぞ
何かおなかにたまるもの食べたいな～
うひ～～4日ぶりのおふろ～
ぐ～

とはいえ
消化が良くて体があったまるのがいいな
あるもので作れるかなぁ
ゲホ
ゲホ
えーっと
ゲホッ
えー
まだ寝てなよ コロナってぶり返すらしいよー
何か買ってきてあげるよー
大丈夫！パパッとやるから！
寝てるのあきたんだろうな…
図星
わっ
そういえば食品ストック棚に色々あったんだった！
半生うどん
ドーーーン！
田舎から届いたもの
半生うどん 3食×8 常温保存
たくさんもらったから1箱あげる
弟
なかなかなくならない干物や缶詰
さば
わかめ
おぼろこんぶ
白干し梅
友達がおみやげにくれたもの
手延べ半田めん
マルマルラーメン
常温 ほうとう みそ付き
生 ラーメン 喜多方
なんかすごく麺類多くない？
特にうどん…
ホントだ
そういえばうちでは夏にうどんやラーメンって食べないね
おそばやそうめんは食べるけど…
確かに！
涼しくなってから食べようと思って放置してたよ…
ちょうどいいや うどんなら消化に良さそうだし
ゲホッ
夫君の分も作るね～
ありがと
――ということで

まず作ったのが…
土鍋で
梅こんぶうどん
ひとり用土鍋なら作るのも片付けも楽チン☆
おぼろこんぶ
わかめ
これ
創味の白だし
500ml
万能!!
冷凍してたきざみネギ
梅干し
かつおぶし
ああ久しぶりの料理楽しい
じゃあ私は仕事部屋で食べるね
うん
またね〜
ちゅるん
ん!
んまーーいっ
めちゃ染みる〜
元気になってきてホントに良かった〜
熱々の土鍋麺がすっかり気に入った私は
隔離生活中
たいくつしのぎに麺料理のバリエーションを試したりして
そうじ洗濯買い物は
夫君におまかせ
ほほう
サンラータンはここでお酢を入れるのか〜
ストック食品を消費していきました
2週間後
復活〜っ!!
まだ少しせきが出るけどほぼ完治!
検査も陰性だし
わ〜
おめでと〜

これでようやく気兼ねなく寛げるよ〜
ん？
ポスッ
改めて見るとこの2週間ストック食品ほとんど食べたから
この棚すごくスッキリしたなぁ〜！
それに色んな味つけにトライしたからあまり気味だった調味料や冷凍ストックも
甜麺醤
花椒
オイスターソース
ナンプラー
カレー粉
S&Pカレー
創味シャンタン
干しえび
豆板醤
ひき肉、ネギやニラのみじん切りの冷凍
だいぶ使い切った〜！
私ってついうっかり賞味期限切らしちゃって
結局捨てることも多かったから
わっ
たまにごっそり捨てる
東京都ゴミ
こんなにキレイに使いこなして使い切ったの初めてかも
しかもこの2週間食費が激安だ〜
主食はストックのうどんだったからね
レシート

〝今あるものを使い切る〟って
うふふ
うふふふ
うっとり…
快感だなぁ
それに
年をとるとものを溜め込みやすくなるっていうし
スッキリ!
これはちょっと意識しておきたい習慣かもね
元汚部屋住人の私は特に…
コロナに感染して高熱やだるさで大変でしたが
よ〜し
なんだかおもしろくなってきたぞ
うずうず
うず
あ なんかやる気だ…
ここにも何かストックがあったような
お茶って知らない内にたまるよね〜
茶
改めてものとの付き合い方を考えさせられた2週間だった気がします
元気になって何よりだよ…
ちなみに夫君は
この3年感染せずずっと元気でした
かぜもひかなかったよ〜

わがやのうどんバリエーション
この2週間でぐっと増えました
いただきます
梅こんぶうどん
担々うどん
山形ひっぱりうどん
豚キムチうどん
月見カレーうどん
サンラータンうどん
トマト玉子うどん
サバトマトうどん
フォー風うどん
クラムチャウダーうどん
辛みそ煮うどん
ひとり用土鍋は…
TŌJIKI TONYA
トウジキ トンヤ
コロンとしていてかわいい
伊賀土 耐熱 片手雑炊鍋 黒
(直火・オーブン可)
¥4,730
※税込み

エピローグ

コロナ感染から3週間
せきもおさまったし これならもう外出できるかもー！
快調〜♪
良かったねえ〜
東京都では発症から8日目で療養期間解除ですが
私の場合だるさとせきがおさまらなかったので
じゃあちょっと散歩する？
うん！
行こ〜う
長めに自主隔離していたのでした
ふぉぉ
まぶしい
おいい天気
うわぁ
体がギシギシいってる〜〜〜
体力落ちてそうだね
だけど
めちゃめちゃ解放感〜〜〜っ
おお風よ太陽よ！

※当時の基準になります。

ああ 思えば この2年半 散々コロナに ふりまわされ たけど
ワクチン 打つ？ 打たない？
副反応 怖い～～
イタリアでは 1日の死者が 900人を超え…
えぇ
どうなっちゃうの…
日用品を買うのもビクビク
シュッ シュッ
誰も歩いてない…
ゴーストタウンみたい
私がマンガ描いたって…
元気？
会えないの さみしいねぇ
私の中では ひとつ区切りが ついた気分 だなあ
もちろん まだ禍中 だし
これからも 気をつけなきゃ いけない んだけどね
そうだねえ…
何度もかかる っていうしね～
そう いえば
この3週間で 夫君の家事力が すごくあがった 気がする！
え？ そう？

うん
そうじとか洗濯はもちろん
ありがてぇ ありがてぇ
こういうこまごましたこともしてくれてすごく助かったし
ネギって白いやつ? 細い束のやつ~?
生鮮食品の買い出しもうまくなった
TEL 夫君
洗濯後の糸くずフィルターも
水洗いする
私が元気になってからも気付いたことはやってくれるようになったもんね
助かるわ~
ゴミ袋セット
ゴミのまとめ
ゴミ
ゴミ
ま、まぁ
ステイホーム中僕だけ何もしないわけにいかないしね~
土鍋ごはんも炊けるようになったしさ
第四話参照
レシピ帳見ながらだけど
えへへ
おお~~
パチ パチ
“やっとこっかな”やってみてよかったなあ
というか渋々でも一緒にやってくれた
夫君に感謝だなあ

そんなある日
W.C
むむむ…
う〜ん
やっぱりそうかも
いよいよきたか〜
あれ？
どうしたの？こんな時間から仕事？
ううん
えーっと
あのね
私
いよいよ更年期かも
多分だけど
えっ
最近の体の変化が更年期の症状にすごく似てるんだ
それを調べてたのか〜
——実は
更年期が来るのがすごく怖かったんだよね

更年期って体の不調だけじゃなく
のぼせ
ほてり
めまい
肩コリ
息苦しい
動悸
冷え
しびれ
大量の汗
精神的な不調も多いらしくて
イライラ
情緒不安定
意欲低下
不眠
気分の落ち込み
あ〜
CMとかでも見たことある〜
うちの母なんて元々攻撃的なのに
その時期更に怖かったみたいだし
更年期が全ての原因か分からないけど…
弟との口ゲンカがヒートアップして弟の私物に火を点けた
キ〜ッ
父の浮気をうたがって何日も父をつけまわした
じ〜っ
ゾゾ…
私が家を出てからのこと
ひぇぇ…
怖〜
母と娘って体質も似るっていうから
私もそんなふうになったらと思ったら怖かったんだ
うん
うん
でも今更年期の入口に立ってみたら
昔ほど怖くないんだよね
更年期の山
本格的な更年期が来る前に
〝やっとこっかな〟って思ってることがいくつかあって
ヨガはじめようかな
漢方はじめてみようかな
薬
受診しとこっかな
食生活の見直ししてみようかな

そんなふうに考えたら新しいこと始めるみたいでちょっとワクワクしちゃって
あはは
新しいこと試すのって楽しいもんね
だから
不安もあるけど備えられることも色々あるんじゃないかなって思うんだ
そうだね
コロナをきっかけに始めた〝やっとこっかな〟
少し先の未来のために備えることをしてみたら
そういえば男性にも更年期ってあるらしいね
あ!
確かに聞くよね
体や心暮らしのこまごました不安を
ちょっぴり気楽に受けとめられるようになりました
しかも割と多いし
ホントだ～
なんとなく前向きに
それじゃお互いご自愛しましょ
そうしましょ
年をとっていけるような気がしています
おしまい☆

おわりに

読んでくださった
みなさん
ありがとう
ございました

このあとがきを
書いている
今はもう
マスクをつけずに
街を歩けるし
ソーシャル
ディスタンス用の
ついたても見かける
こともなくなりました

ステイホームの
日々を思い出すと
なんだか
夢の中の
出来事だった
ような気すら
しますが

その後も
大きな地震が
あったりして
やはり備えと
心がまえは必要
だと感じました

最後になりますが
登場したキャラの
モデルになって
くださった方々
出版に関わって
くださった方々
いつも応援して
くださる
読者のみなさん
心から感謝を
申し上げます

本書は、「小説幻冬」2022年7月号〜2023年1月号の連載に書き下ろしを加えたものです。

やっとこっかな
近い未来のためにちょっぴり備える

2024年4月15日　第1刷発行

著　者　わたなべぽん
発行人　見城 徹
編集人　森下康樹
編集者　羽賀千恵
発行所　株式会社 幻冬舎
〒151-0051 東京都渋谷区千駄ヶ谷4-9-7
電話 03-5411-6211（編集）
03-5411-6222（営業）
公式HP：https://www.gentosha.co.jp/

印刷・製本所　図書印刷株式会社

デザイン　坂野弘美

検印廃止

Printed in Japan
ISBN 978-4-344-04218-6　C0095